**Pour être tenu au courant
de nos publications :**

La Plage - Rue du Parc - 34200 Sète
edition@laplage.fr **www.laplage.fr**

La photo de couverture a été choisie pour son esthétique.
Pour une utilisation optimale des écharpes en maille veuillez
consulter les pages 42 à 47 (les nouages avec une écharpe
en maille).
Plat 1 couverture : © Imagesource LTD/Jupiterimages
Toutes les autres photographies du livre : D.R.
© Éditions La Plage, 2009
ISBN : 978-2-84221-199-8
Design graphique : David Cosson - dazibaocom.com
Photogravure : Atelier Six, Montpellier
Collection l'Art de parenter, dirigée par Juliette Collonge
Imprimé à Barcelone sur les presses de Beta

L'art de porter bébé

NOUAGES ET POSITIONS

Manuella Favreau

éditions La plage

Bébé couché dans le « croisé simple ». C'est ça le bonheur !

Sommaire

Bébé placé dans un croisé.

Introduction

J'ai été initiée au portage par Ingrid van den Peereboom, l'une des fondatrices de l'association Peau à peau, alors que j'étais étudiante en troisième année de l'école de sages-femmes de Liège. Immédiatement conquise, ma passion pour le portage était née !

C'est tout naturellement que j'ai choisi de prendre le portage comme sujet principal de mon travail de fin d'étude. Une fois diplômée de l'école de sages-femmes et engagée dans un hôpital pour exercer mon métier, j'ai créé avec d'autres parents l'association Porter son bébé à Béziers. Ce fut le début d'une belle aventure puisqu'en trois ans nous avons formé environ deux cents familles ! Le site Internet de l'association rencontre aussi un vif succès. La philosophie de l'association Porter son Bébé est d'informer et de promouvoir le portage. Le dynamisme et la passion de chacun ont permis de mettre en œuvre divers projets : nous avons ainsi obtenu des bandeaux de portage pour prématurés en provenance de Bogotá, bien avant que les nouveaux modèles soient créés en France. Nous proposons également un comparatif de porte-bébés physiologiques qui se complète au fur et à mesure, et désormais les fabricants nous envoient leurs nouveautés pour qu'elles soient intégrées aux tests.

C'est au printemps 2006 que j'ai pu expérimenter le portage en tant que maman. Plus besoin de simuler avec un poupon ou une peluche ! Quel bonheur de garder son trésor contre soi sans contraintes. Je ne sais toujours pas comment j'aurais vécu l'arrivée de mon bébé, mon apprentissage de mère, sans mon écharpe. En tout cas, je n'ai pas regretté mon choix.

Quinze mois plus tard, un deuxième bébé est venu agrandir notre famille. J'ai continué à porter mon aînée – qui a commencé à marcher à 14 mois – principalement sur la hanche et sur le dos, jusqu'au jour de l'accouchement. Après la naissance, j'ai dû improviser avec deux bébés à porter : ce qu'on appelle le « coportage ». Ma pratique du portage est devenue plus « sportive » au quotidien, mais sachant que c'était temporaire, j'ai eu envie d'en profiter au maximum !

Avec toujours la même envie de promouvoir le portage, de le rendre accessible à tous et pour répondre aux demandes, je propose aujourd'hui des cours collectifs ou individuels mais aussi des formations spécifiques pour les professionnels du portage et de la petite enfance. Le portage peut être introduit directement en néonatalogie, dans les maternités, les crèches, etc.

L'objectif de ce livre est de vous guider vers un porte-bébé qui vous convienne et de vous expliquer comment l'utiliser. Vous y trouverez des explications de base, des astuces, des « pas à pas » des principaux nouages à réaliser avec une écharpe porte-bébé. Un guide à consulter sans modération ! Il vous sera aussi bien utile pour vous rappeler les nouages que vous aurez peut-être appris à un cours, un bon départ pour les futures heures de portage avec votre enfant.

Bon portage !

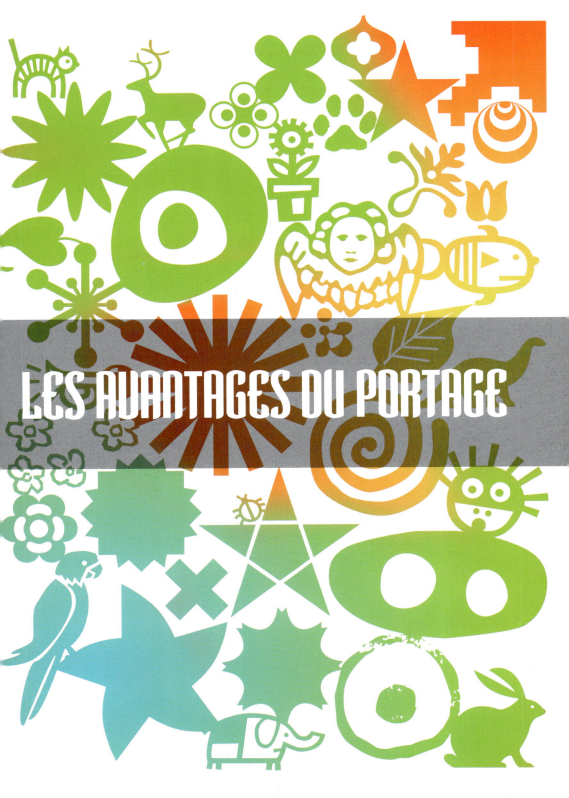

LES AVANTAGES DU PORTAGE

Les avantages pour l'enfant

Un contact corporel permanent

L'enfant a un grand besoin de contacts charnels, qui favorisent la maturation adéquate de son système nerveux. Le bébé porté entend les battements du cœur de sa mère, il perçoit aussi les vibrations quand son porteur parle ou rit, il sent l'odeur de sa maman ou de son papa, cela l'apaise et lui rappelle son environnement intra-utérin. Pendant ce temps, sa maman garde les mains libres pour cuisiner, écrire, lire, jouer... Le bébé se sent bien et son besoin d'attention est quasiment comblé, il ne cherche pas constamment la sécurité des bras, car les bras de sa maman sont là pour l'entourer et le protéger !

> « La proximité corporelle induite par le portage permet au bébé de se retrouver en "terrain connu" (toucher, agrippement, fouissement, odeur, voix...) et permet à l'adulte à la fois d'être sensible aux besoins de l'enfant et d'y répondre très rapidement, souvent sans même que celui-ci n'en vienne à pleurer pour exprimer son besoin. »

Porter Bébé : avantages et bienfaits, Claude-Suzanne Didierjean-Jouveau, éditions Jouvence, 2006. Un ouvrage nourri d'études, de témoignages de parents et de l'expérience même de l'auteur. Il présente une petite histoire du portage à travers les siècles et les continents, dresse la liste de ses nombreux bienfaits - confort, liens mère/père/enfant, développement psychomoteur... - et montre en quoi il facilite la vie quotidienne !

Les besoins d'un enfant porté sont mieux perçus

Dès que l'enfant a faim, sa mère décode sa demande rapidement et le nourrit sans qu'il ait eu besoin de pleurer. L'allaitement maternel ou au biberon peut se faire dans l'écharpe, en toute discrétion et pour le confort de la maman comme de son bébé. De même lorsque l'enfant souille son lange, sa maman le remarque tout de suite et peut le changer sans attendre.

Un bébé qui digère mieux...

Le système digestif est très influencé par l'état psychologique. Le bébé porté étant moins stressé, il digère mieux. De plus, la position verticale de l'enfant participe à la bonne digestion, favorise les rots et diminue les reflux. Le massage de l'abdomen diminue les coliques du nourrisson, facilite le transit intestinal, masse les points d'acupuncture qui agissent sur la digestion et le sommeil.

L'enfant reste à une température idéale

Avant l'âge de 2 mois, le bébé ne parvient pas à réguler sa température corporelle. Lorsqu'il est porté, il se trouve contre le porteur à une température idéale. Même en cas de canicule le corps du porteur est aux environs de 37 °C.

Bébé allongé dans le « double croisé ».

L'hygiène naturelle infantile (HNI) avec un enfant porté

« Je suis la maman de deux garçons de 3 ans et demi et de 2 mois. Je pratique l'HNI avec mon fils de 2 mois et je le porte toute la journée (pas de lit, il dort toujours sur moi). Dès la naissance, j'ai mis des langes sans culotte. Dès que le lange est mouillé ou avant, je dis pipi et pssssssssssitt. Depuis peu j'arrive à ce qu'il fasse dans une bassine en le mettant en position assise contre mon corps (mais il ne semble plus trop aimer cette position...). J'ai remarqué que maintenant, il attend souvent que je l'enlève de l'écharpe au réveil et hop il y a un pipi dans le lange. J'ai souvent été mouillée mais ça me permettait de savoir quand il faisait. En ce moment je n'utilise que le croisé simple, qui me permet de faire le nœud avant et de garder l'écharpe sur moi tout le temps avec le nœud préformé. Au tout début, il était en position berceau dans le Porte-câLLLin (ou sling) ou dans l'écharpe et ça me permettait de voir quand le lange était mouillé. Je le changeais aussitôt.

Ceci est valable pour les pipis, les cacas sont plus difficiles à reconnaître, enfin dans mon cas... car ils ne sont pas forcément réguliers et il peut y avoir un jour sans selles et d'autres jours avec deux ou trois selles. Voilà pour ma petite expérience, mais je n'en suis qu'au début. J'en apprends tous les jours.

Ce que j'apprends ces derniers jours, c'est que l'HNI doit rester un moyen de communication privilégié et surtout pas une prise de tête à vouloir « attraper » tous les pipis. Souvent je l'enlève de l'écharpe, je le mets en position au-dessus de la bassine, il pleure... Je n'insiste pas puis quelques secondes après il fait pipi sur moi... »

Catherine, maman de deux enfants

C'est d'ailleurs pour cette raison que les bébés touaregs sont portés dans les djellabas de leurs mères : la température est de 40 °C à l'ombre, le bébé souffrirait de déshydratation s'il n'était pas au frais contre sa mère.

Un bébé stimulé dans ses mouvements et son développement moteur

L'enfant porté est actif, il bouge avec son porteur, il participe au portage en utilisant sa propre musculature. Le tissu de l'écharpe n'entrave pas ses mouvements, il peut bouger comme il le souhaite. Tout cela amène l'enfant à prendre conscience de son corps plus rapidement et à marcher plus tôt que les enfants non portés.

La colonne vertébrale se redresse progressivement

Le fœtus a passé neuf mois dans l'utérus, la colonne vertébrale arrondie. Il dispose d'une année pour se redresser afin de pouvoir marcher. Le nouveau-né se sent mieux et dort mieux si sa colonne vertébrale est courbée pendant toute la période d'adaptation.

La colonne se déroule progressivement : l'enfant aime se blottir en boule sur le ventre de sa mère, puis, au fil des semaines et des mois, il s'allonge jusqu'à tenir sa tête, se tenir assis et enfin debout. Respecter l'arrondi du dos du bébé permet à l'articulation de la hanche de se développer correctement. Il faut savoir que la hanche est immature à la

« Pour achever la formation de l'articulation de la hanche, il suffit de placer les jambes en légère abduction, [...] et en flexion de 90°, ainsi que d'éviter tout allongement actif ou passif, ou toute adduction des membres inférieurs ».

Dr Ewald Fettweis, « ***Das kindliche Hüftluxationsleiden*** » (La maladie luxante de la hanche chez l'enfant), extrait d'un article en allemand consultable en intégralité sur Internet :
http://www.hueftgelenkdysplasie.de

De la tendresse et de la douceur échangées pour prendre confiance en soi…

Une participation à la vie familiale

En étant porté, l'enfant participe naturellement aux expériences joyeuses ou décevantes de ses parents, de ses frères et sœurs. Il sent quand sa mère réconforte et câline son aîné, il regarde les livres d'images qu'elle lit aux plus grands. Il n'a pas à s'épuiser pour attirer l'attention et satisfaire son besoin de communication. Placé contre son parent, la communication s'installe d'elle-même. L'enfant porté partage plus facilement son parent avec d'autres car ils forment une unité.

Porter bébé favorise le développement de sa colonne vertébrale

Les courbures en « S » de la colonne vertébrale s'acquièrent avec le temps. D'abord l'enfant lève la tête et tend le cou pour regarder autour de lui. Puis, il relève le tronc, commence à s'asseoir, puis à ramper. Les muscles du dos travaillent de plus en plus jusqu'à ce qu'il puisse tenir le dos bien droit. Enfin, il se tient debout et commence à marcher. Le bassin bascule vers l'arrière et la double courbure du dos se forme alors. En conservant le dos du bébé arrondi, on respecte cette étape de son développement. Son système nerveux dispose des conditions et du temps nécessaires pour bien se développer. De même les disques intervertébraux s'adaptent mieux. Lorsque le bébé est couché à plat, sa colonne vertébrale est déroulée et étirée : il n'est pas toujours à l'aise. Mal porté, l'enfant risque de souffrir plus tard de maux de dos, de déplacements de vertèbres ou de glissements de disques. Par contre, bien installé dans un bon porte-bébé en tissu, son dos entouré et soutenu uniformément est protégé et se forme harmonieusement.

http://www.hueftgelenkdysplasie.de

naissance ; les cartilages vont se transformer en os et l'articulation va se modifier lorsque l'enfant se mettra debout et commencera à marcher.

Pour permettre un bon développement de l'articulation de la hanche, c'est-à-dire pour que les têtes fémorales soient en appui correct sur le bassin avec une bonne répartition des charges, il faut que le dos de l'enfant soit arrondi afin d'entraîner une bascule du bassin vers l'avant et il faut épargner l'articulation pendant sa formation. On y parvient en positionnant l'enfant avec les jambes pliées et écartées, ce qu'on appelle la flexion des genoux et l'abduction des jambes. C'est la fameuse position en « grenouille ».

Bébé dormant dans un « croisé »

Le portage comble le besoin que tout être humain a de communiquer avec ses semblables. L'enfant n'est pas cantonné à une relation exclusive avec sa maman et son papa. À hauteur d'homme, il participe aux activités familiales, il regarde autour de lui, il est regardé, il s'exprime, il bouge, fait des gestes... en un mot il communique. Ces échanges relationnels sont décryptés par la maman et l'entourage. Chacun s'enrichit de l'interaction vécue au quotidien.

Un bébé qui se sent en sécurité

En se blottissant contre son parent, l'enfant porté se sent instantanément protégé et à l'abri des agressions qui l'entourent, agressions physiques comme le bruit, le froid... tout comme l'approche de personnes inconnues qui pourraient le surprendre ou l'effrayer.

Moins de pleurs !

Les mères qui ont opté pour le portage vous affirmeront qu'un enfant porté crie et pleure beaucoup moins qu'un enfant non porté. Les bébés portés n'ont pas d'épisodes de pleurs incoercibles à la tombée de la nuit. Et cela a été prouvé par des études anthropologiques, notamment celle parue dans *Pediatrics* en 1996. Sur cent enfants observés, le portage réduisait les pleurs et l'agitation de 43 % le jour et de 51 % la nuit.

Rien de mystérieux à cela ! Le bébé qui se sent protégé, en sécurité, aimé, objet de soins et d'attentions, n'a pas besoin de pleurer pour se faire comprendre de son parent. Du coup, le bébé économise son énergie et peut la consacrer à son développement.

Pour un bon développement psychomoteur du bébé...

Laurence Vaivre-Douret est neuropsychologue clinicienne du développement à l'hôpital Cochin, professeur des universités en psychologie du développement à Paris X, et responsable de l'équipe de recherche en neurodéveloppement et troubles des apprentissages à l'hôpital Necker (Inserm).

Manuella Favreau : Selon vous, quel serait l'avantage principal du portage concernant le développement psychomoteur de l'enfant ?

Laurence Vaivre-Douret : Le portage est très structurant pour le développement au niveau sensori-moteur et relationnel pour le bébé. Le portage offre un avantage global, celui de permettre une continuité d'enveloppe très intéressante qui permet à l'enfant d'apprivoiser le monde aérien. Tout se constitue autour de l'axe corporel. Outre le sentiment de sécurité, le bébé prend conscience de sa position dans l'espace en ayant tous ses sens stimulés. L'enfant reçoit donc beaucoup d'informations. Par exemple le regard « œil à œil » est important dans la constitution psychique et motrice ; l'œil de l'enfant étant plus proche de la personne qui le porte, une interaction de communication se crée entre l'enfant et son porteur. Le portage permet une relation d'attachement, de lien, très importantes pour le développement de l'enfant.

Un sommeil rendu facile... au bon moment

Bien porté, l'enfant trouve les positions confortables adaptées à un bon sommeil. Il dort dès qu'il en a besoin et tant qu'il en a besoin ! Le fait d'entendre la respiration de son porteur et ses battements cardiaques évite toute pause respiratoire (apnée). Lorsque l'enfant a été suffisamment stimulé par l'environnement, il s'endort, bercé par le doux balancement du corps de son porteur pour se couper du monde et rêver de ses découvertes. L'enfant gère naturellement ce processus. Les enfants portés ne sont pas atteints de troubles du sommeil, si fréquents à notre époque.

Ces troubles apparaissent à la suite du comportement inapproprié des parents qui laissent l'enfant seul avec ses peurs pendant toute la nuit. Ces troubles seraient également dus à la méconnaissance de l'importance du sommeil, de ses rythmes et de ses particularités, de son évolution au cours des premiers mois. Dans tous les cas il faut respecter le rythme du bébé et ne jamais lui donner de médicaments sédatifs ou hypnotiques.

La vision d'un bébé porté

L'œil de l'enfant n'est mature qu'à 2 ans. Un nouveau-né focalise à environ 19 centimètres. La distance entre la tête du porteur et le bébé est la distance idéale qui permet au bébé de visualiser le visage de son porteur dès les premiers jours, quand sa vue n'est pas encore complètement développée. Entre 1 et 3 mois, il commence à voir de plus en plus loin. Le développement de la vision suit celui de la colonne vertébrale. Au départ le nourrisson est totalement enveloppé : la vision n'a qu'une importance relative, ses besoins étant satisfaits par le contact proche avec ses parents. Ensuite, sa curiosité s'éveille à son univers immédiat puis éloigné. Le bébé porté découvre son environnement de haut comme un adulte, il observe intensément ce qui l'entoure…

Le langage s'acquiert plus facilement

La proximité permise par le portage invite le porteur et l'enfant à se parler. L'un des avantages est que la maman voit ce que son enfant regarde ou montre avec son doigt et peut ainsi nommer la personne ou l'objet. L'acquisition du langage et du vocabulaire se font plus facilement.

Les avantages pour le porteur

Être disponible

Porter son bébé limite l'amplitude de certains mouvements du parent, mais, en compensation, il est libre de se déplacer comme il le souhaite et reste disponible pour d'autres activités. La maman pourra s'occuper de ses autres enfants sans difficulté avec son petit contre elle.

Un bébé sera plus heureux si sa mère est détendue, moins fatiguée, plus disponible pour son conjoint, sa famille et elle-même.

Être serein

L'enfant étant contre elle, la maman sait en permanence comment il va, physiquement et psychologiquement. Bref, elle n'est pas constamment aux aguets, l'oreille rivée au Babyphone, pour savoir si son bébé, isolé dans sa chambre, va bien. Porter son petit renforce le sentiment de compétence et de confiance en soi des parents qui sentent qu'ils ont un moyen sûr de satisfaire les besoins de leur bébé.

Bébé sur le dos dans l'ERGObaby

Se sentir parent

Le portage permet aux papas de s'investir très tôt dans une relation épanouissante avec leur bébé qui semble apprécier tout autant qu'eux ce contact et ces moments privilégiés.

Réduire les risques de dépression

Le lien entre le porteur et l'enfant se tisse comme une toile aux mailles serrées au fur et à mesure du temps passé ensemble, des expériences partagées. Parfois la maman n'imagine même plus sortir sans son bébé, quel qu'en soit le motif.

Une expérience relatée dans la revue médicale *The Lancet* en 1987 va dans ce sens. Les chercheurs ont distribué de façon aléatoire à deux groupes de mères de milieux défavorisés des porte-bébés en tissu ou des sièges en plastiques (Maxi Cosy) en leur demandant de s'en servir régulièrement. Treize mois plus tard, les chercheurs ont testé la qualité de l'attachement mère/enfant : 83 % des enfants portés dans l'écharpe montraient un attachement sécurisé, contre 38 % des enfants du groupe des bébés placés fréquemment dans les sièges en plastique.

Bébé assis en position latérale dans le « croisé simple ».

« Comme l'allaitement, le portage a connu un regain de faveur à l'occasion du "retour à la nature" des années soixante-dix. Alors qu'il était considéré auparavant comme une pratique de "sous-développés", on a revu dans nos rues des "bébés kangourous" sur le ventre de leur mère ou de leur père. Mais tout comme l'allaitement prolongé, le "portage prolongé" est rare chez nous : quand il dépasse quelques semaines et quelques kilos, le bébé se retrouve généralement en poussette, au niveau des pots d'échappement...

Comme l'allaitement, le portage est "hors commerce". Mis à part l'achat du porte-bébé (et encore... : on peut très bien le fabriquer soi-même), porter ne coûte rien, alors que toute la puériculture moderne vise à persuader les nouveaux parents qu'ils ont besoin d'acheter tout un matériel coûteux et encombrant. Comme l'allaitement, le portage est un art d'imitation. Rien ne vaut de voir une mère porter son bébé pour avoir envie d'en faire autant et pour "attraper le coup", savoir enrouler le tissu, installer l'enfant... Et les enfants qui ont été portés et ou qui voient leur mère porter un bébé, ont envie eux aussi de porter leurs poupées ou nounours dans un porte-bébé plus ou moins improvisé (un torchon peut faire l'affaire !). »

Extrait de l'article « **Enfant bien porté, enfant bien portant** » Claude-Suzanne Didierjean-Jouveau), revue **Allaiter aujourd'hui,** n° 40, La Leche League France, juillet 1999.

Allaiter et prolonger l'allaitement

Lorsque l'allaitement est mis en place, les mamans et les bébés ne souhaitent généralement pas interrompre le processus trop tôt. L'enfant porté sur le dos qui manifeste des signes de faim ou de soif est amené au sein de sa mère d'un seul geste, tout en douceur… La stimulation hypophysaire se fait grâce au contact de la mère et de son enfant. L'allaitement est ainsi facilité et ce plaisir est partagé par la mère et le bébé.

Il faut savoir que la majorité des allaitements échouent faute de stimulation ou de plaisir lors des tétées.

Bouger en toute autonomie

La maman peut aller partout avec son bébé, ils ne font qu'un. Elle n'est pas obligée de programmer ses sorties comme certaines mamans sont obligées de le faire - chaque promenade devenant une véritable expédition - mais peut partir avec une couche dans la poche et c'est tout !

D'autres avantages :

L'écharpe hamac

On peut penser également à transformer son écharpe en hamac, en nouant les extrémités à un anneau ou à un ancrage solide.

L'écharpe ludique

On peut aussi s'amuser, se servir de l'écharpe pour jouer, se déguiser…

L'écharpe couverture

On peut aussi détourner l'écharpe de son utilisation classique pour en faire un plaid, un pare-soleil dans la voiture ou une couverture douillette avec l'odeur connue et si rassurante du parent porteur.

L'écharpe transformée en hamac.

Bébé assis latéralement dans le « croisé simple ».
« Ne crains rien, je suis là pour te protéger. »

Qui peut porter ?

Le portage est une pratique ancestrale qui existe encore dans la plupart des pays. L'enfant sera porté par sa mère, sa grand-mère, sa sœur, sa tante... toutes les générations participent à l'éveil et à l'apprentissage de l'enfant simplement en l'intégrant aux activités de la vie quotidienne.

Pour une future maman qui a déjà un ou plusieurs enfants en bas âge, le portage peut être salutaire ! Comme votre enfant sera toujours demandeur pour un moment de tendresse, pour être rassuré, pour se déplacer s'il ne marche pas, en l'installant dans un porte-bébé physiologique vous pourrez continuer à répondre à ses besoins, tout en respectant votre corps, en épargnant votre dos et votre ventre qui s'arrondit. Pour éviter d'écraser votre utérus gravide, vous allez plutôt porter votre enfant sur la hanche ou sur le dos.

Vous trouverez des précisions sur le choix du porte-bébé et la technique d'installation dans le chapitre « Portage et grossesse », page 77.

Bébé de 12 mois dans un Sling. Communication très facile avec l'enfant qui est porté sur la hanche.

Une vraie découverte pour moi !

« J'ai découvert le portage en même temps que ma compagne, un peu avant la naissance de notre fille Lina. Nous en avions entendu parler et avions envie d'essayer, ou du moins de nous renseigner. Finalement, après une heure de formation, nous étions convaincus que cela nous convenait. J'ai tout de suite vu le côté pratique des choses ! Avec le portage, plus besoin de sortir systématiquement la poussette pour aller se balader avec notre bébé. En quelques secondes on est équipé pour partir prendre l'air. De plus, il n'y a pas de limite au parcours, les escaliers, les chemins en terre, rien ne freine la balade. Dernièrement je suis même allé dans un magasin de bricolage acheter des matériaux pour des travaux dans la maison. J'ai installé Lina dans son écharpe et j'ai pu facilement passer d'un rayon à l'autre, et puis surtout transporter les deux ou trois planches dont j'avais besoin avec mes deux mains libres et en toute sécurité. Cela aurait été très compliqué avec une poussette. Ce qui est très agréable, c'est que quels que soient la situation ou l'endroit, le bébé se sent en sécurité. D'ailleurs Lina se calme et s'endort très souvent dans son écharpe. On l'utilise quand elle a des coliques ou ne se sent pas bien. » **Dominique**

Ah ! Devenir maman, quelle étape dans une vie ! Un évènement tellement marquant, tellement important qu'on en est transformée à jamais…

Et le portage alors ? Lorsque vous sentez votre bébé tout contre vous, vous n'avez sans doute pas envie de rompre le charme, la magie de ce corps à corps ! Enivrée par l'odeur de votre bébé vous aimeriez qu'il reste là, tout contre vous… Grâce à l'écharpe de portage ce souhait devient réalité ; votre bébé est maintenu tout en douceur par un tissu qui recrée un cocon douillet où il aime se blottir bien au chaud et en sécurité, baigné dans votre odeur, bercé par vos mouvements, les vibrations de votre cage thoracique et les battements de votre cœur. Il se retrouve en terrain connu et s'abandonne. Lorsqu'il a faim, il trouve votre sein tout proche sans cris, sans heurt, tout naturellement.

Votre besoin de contact est satisfait, vous vous sentez compétente, rassurée de voir ce petit être qui se sent si bien contre sa maman. Lorsque vous vous sentirez prête à sortir un peu de votre bulle, vous pourrez reprendre une vie sociale tout en douceur, avec votre trésor niché au creux de vous.

Pour certains papas, le portage n'est pas assez viril, trop compliqué, pas assez sécurisant… Pourtant ils sont tellement nombreux à apprécier ces moments de complicité et de tendresse avec leurs enfants.

Plus besoin de leurs muscles et d'une bonne dose de concentration pour décoder minutieusement la notice d'une poussette d'avant-garde… les papas porteurs voyagent « léger », sans stress.

Parfois moins convaincus par l'écharpe, certains pères auront tendance à préférer des systèmes un peu plus sophistiqués avec boucles à clipper et sangles à régler.

et les autres...

Les frères et sœurs aînés aiment et demandent souvent à porter le dernier né de la famille. Avec l'assistance d'un adulte, le bébé est installé et les enfants y trouvent un bonheur réciproque.

Les aînés demandent souvent à porter le petit dernier et même s'il faut les assister au départ, ils se débrouillent très vite par eux-mêmes. En tant que parent nous avons un rôle pédagogique essentiel : transmettre nos connaissances à notre enfant pour qu'il soit capable de porter à son tour ses poupées mais aussi son frère ou sa sœur, s'il le demande. D'ailleurs, les enfants deviennent très rapidement à l'aise et innovent constamment, tant dans leur méthode de portage que dans le choix du porte-bébé utilisé.

Pour découvrir de nouvelles sensations, ne pas perturber l'enfant qui a l'habitude d'être porté, pour le plaisir, à la demande des parents, certains grands-parents portent leurs petits-enfants.

Bébé en position ventrale dans le " croisé simple ".
Une belle complicité entre générations.

> « J'aime bien porter ma sœur, parce qu'on peut jouer avec en marchant et en plus elle peut dormir sur moi et j'adore ça. » **Julien, 10 ans**

Ce qui étonne le plus souvent les mamies et les papis porteurs, c'est l'impression que l'enfant ne pèse rien ! Ils ont tellement eu l'habitude de porter leurs enfants dans les bras et d'en avoir eu « le bras qui dort », qu'ils sont sidérés de pouvoir porter pendant de longues périodes sans douleur ni gêne.

Outre les grands-parents, les bébés sont parfois portés par leurs oncles et tantes, cousins, cousines, assistantes maternelles…

Il arrive aussi que les parents ne souhaitent pas qu'une tierce personne porte leur enfant. Ils préfèrent garder l'exclusivité de cette relation intime. À chacun de décider ce dont il a envie…

Quel porte-bébé choisir ?

L'écharpe

Le choix des porte-bébés physiologiques est de plus en plus large et il devient difficile de s'y retrouver pour des néophytes. Chaque type de porte-bébé offre des possibilités variables. À vous de choisir votre outil en fonction de vos besoins et envies !

Choisir une écharpe de portage c'est avoir un porte-bébé multifonction qui vous permettra de porter votre enfant jusqu'à ce qu'il marche et bien au-delà encore ! L'enfant pourra être porté aussi bien sur le ventre, sur la hanche ou sur le dos de son porteur. Il existe environ huit nœuds de base[1] qui permettent d'alterner les positions au gré de vos envies et des situations.

Les tailles

Les écharpes de portage mesurent 70 cm de large, sauf celles qui sont spécifiques aux pré-maturés (55 cm). Pour la longueur, cela dépend des différentes marques. Les longueurs les plus couramment utilisées sont celles de 3,60 m, 4,60 m et 5,20 m.

Quelle taille d'écharpe choisir ?

Le choix n'est pas conditionné par la taille, l'âge ou le poids de l'enfant mais par la morphologie du ou des porteurs.
Si les deux parents envisagent de porter et de réaliser différents nouages, mieux vaut prendre une écharpe de 4,60 m, sauf si l'un des parents mesure plus d'1,80 m et pèse plus de 90 kg. Dans ce cas, il est plus judicieux d'opter pour le modèle de 5,20 m. Si le papa n'a pas l'intention de porter et que la maman a un petit gabarit, elle pourra choisir une écharpe de 4,10 m (dans ce cas, tous les nouages sont encore réalisables avec cette longueur).

La composition des fibres

L'écharpe de portage est tissée avec du coton (bio ou pas), mais on trouve aussi des écharpes tissées avec un mélange de coton et d'élasthanne ou en fibres de bambou (écharpes en maille). Les tissages varient fortement d'une marque ou d'une gamme à l'autre, ce qui explique les différentes qualités d'élasticité, de résistance, de confort…

Normes, Icertifications, labels

Les écharpes de portage sont des porte-bébés sans « passage de jambe », ils sont donc « conformes à la norme NF EN 13209 »[2] lorsqu'ils sont testés en laboratoire. Les tests de laboratoire sont ciblés sur la résistance au feu (attention les écharpes ne sont pas ignifugées) et la résistance à la tension (les écharpes en toile peuvent être utilisées pour porter une personne jusqu'à 60 kg !)…
Les tissus ont presque tous la certification « Oeko-Tex Standard 100 » qui garantit l'absence de substances nocives. C'est important car la peau de bébé est en contact prolongé avec le tissu et bébé va certainement le mettre dans la bouche.

Mon bébé va étouffer !

Il faut savoir que le tissage des écharpes de portage en maille est perméable à l'air. L'enfant respire donc à travers le tissu même quand il est totalement caché.
Pour les modèles en toile, suivez les recommandations des fabricants, certains modèles sont trop épais pour permettre à l'enfant de respirer facilement. Il faut donc toujours veiller à laisser une ouverture dans le tissu.

1 - Voir la partie « Principaux nouages », page 42.

Bébé de 3 semaines endormi dans le « croisé simple ».

Oeko-Tex Standard 100

L'Oeko-Tex Standard 100 est un système de contrôle et de certification uniforme partout dans le monde pour les produits textiles bruts, semi-finis et finis à tous les stades de transformation.

Les contrôles sur les matières nocives englobent les substances réglementées et interdites par la loi, les produits chimiques connus pour être préoccupants pour la santé ainsi que les paramètres introduits à titre de précaution en matière de santé. Le produit textile à tester est affecté à l'une des quatre classes de produits Oeko-Tex en fonction de son utilisation finale. Plus le contact avec la peau est intense, plus les critères à remplir en termes d'écologie humaine sont stricts. Le fabricant peut apposer le label Oeko-Tex sur les produits ou groupes d'articles ayant fait l'objet de contrôles concluants et en faire la publicité sous toute autre forme s'il a été prouvé dans le cadre de tests exhaustifs en laboratoire que l'ensemble de leurs composantes, accessoires compris, remplissent sans exception les critères de contrôle requis. Un certificat est établi pour une durée d'un an et peut être renouvelé aussi souvent qu'on le souhaite.

http://www.oeko-tex.com/OekoTex100_PUBLIC/index.asp

2 - La Norme NF EN 13209-1 (décembre 2004) fixe les exigences de sécurité et les méthodes d'essais des porte-enfants dorsaux avec armatures. La Norme NF EN 13209-2 (novembre 2005) fixe les exigences de sécurité et les méthodes d'essais des porte-enfants dorsaux avec armatures souples.

Les conseils d'entretien

Les consignes de lavage sont indiquées sur l'étiquette de l'écharpe. La majorité des écharpes sont lavables en machine à 30 ou 40 °C et certaines peuvent même être mises dans le sèche-linge. Avant le premier lavage, il est conseillé de faire tremper son écharpe une nuit dans l'eau froide pour bien fixer les couleurs.

La notice

Toutes les écharpes sont vendues avec une notice papier plus ou moins attractive et explicite.
Certaines marques vous proposent même un DVD pour apprendre chez vous, à votre rythme. C'est le cas de la marque Je porte mon bébé[1]. Il est parfois possible de commander la notice ou le DVD seul, sans l'écharpe.

Les prix

Pour vous donner une idée du prix d'une écharpe de 4,60 m de long, les modèles coûtent de 45 à plus de 100 euros pour celles contenant 100 % de coton bio. Vous obtiendrez un excellent rapport qualité/prix en vous fixant un budget de 75 euros.

Les marques

Actuellement les écharpes les plus commercialisées sont vendues dans des boutiques ou sur Internet par différentes marques dont les principales sont[2] :
Amazonas, Babylonia, Bebina, Binana, ByKay, Côté cœur, Colimaçon & cie, Cotonea, Didymos, Girasol, Oppediz, Je porte mon bebe, Kubeba, Lana, La poche à kangourou, Natibaby, Néo-bulle Storchenwiege.

Ces marques proposent parfois des gammes et collections d'écharpes différentes : écharpes en toile, écharpes en maille avec ou sans élasthanne, écharpes en coton bio… Il en existe d'autres bien évidemment, mais ce sont celles que vous trouverez le plus facilement en France.

Le label « bioRe » que l'ont trouve chez Lana[3] garantit l'utilisation de coton bio et un travail équitable, respectueux des droits de l'homme.

Le label bioRe

BioRe est un label concernant les textiles biologiques et issus du commerce équitable créé par Remei AG, une entreprise basée en Suisse, et commercialisant des fils et des vêtements en coton biologique. BioRe a élaboré un cahier des charges commerce équitable pour le coton. Le label BioRe garantit :
• le respect de la norme SA 8000 qui comprend l'interdiction du travail des enfants, la fixation de minima sociaux et l'encadrement des horaires de travail ;
• l'achat au cultivateur de sa récolte à un prix garanti supérieur de 20 % à celui du marché pendant 5 ans.
En ce qui concerne l'inspection, c'est un organisme indépendant et accrédité qui est chargé de vérifier que le coton des projets bioRe est bien cultivé en respectant les normes de l'agriculture biologique. L'intégralité des achats complémentaires de coton biologique est issue de projets contrôlés par un organisme agréé. Au cours de son histoire, bioRe a reçu plusieurs prix pour ses initiatives, comme par exemple la distinction des partenariats pour le développement durable, remise par le programme des Nations unies pour l'environnement et par la Chambre de commerce internationale, lors du déroulement du sommet mondial pour le développement durable à Johannesburg en 2002.
http://www.consoglobe.com/annuaires-ecologiques/labels-ecologiques/?action=listeFolder&folderId=420#label-581
http://www.remei.ch/fr

---

1 - DVD L'atelier chez soi, à commander sur : http://www.jeportemonbebe.com, son prix est de 10 euros.
2 - Voir le répertoire des boutiques en ligne en fin d'ouvrage.
3 - Consultez le site : http://www.monde-de-bebe.com pour des précisions sur le réseau Lana France, « *Porter son enfant, tout un art* » (formations de portage en France et boutique en ligne).

Le porte-bébé pour prématuré

Un porte-bébé pour prématuré est un simple anneau de coton et élasthanne qui maintient l'enfant en position de « grenouille » ou position fœtale sur le torse de sa maman ou de son papa. C'est le moyen de faire du peau à peau en toute sécurité. Pour plus de détails, référez-vous au chapitre « Porter un prématuré », page 73.

Il est également possible de porter les prématurés avec une écharpe de portage plus étroite (55 cm au lieu de 70 cm). Pour l'utiliser, il vaut mieux que l'équipe soignante ou les parents soient formés. L'utilisation de l'écharpe pour prématuré est donc souvent moins aisée que celle des bandeaux.

Bandeau de portage pour prématuré
de la Fundación Canguro.

Le porte-bébé hamac, ou "sling"

Le porte-bébé hamac est un système de portage asymétrique puisque le poids de l'enfant repose sur une seule épaule. Le réglage de ce style de porte-bébé se fait au moyen d'anneaux métalliques ou en plastique. Vous trouverez certains modèles avec un rembourrage pour l'épaule du porteur. La majorité de ces porte-bébés sont confectionnés avec un tissu simple - en coton - mais d'autres sont en toile comme les écharpes de portage. Apparemment le sergé croisé n'améliore pas spécialement le portage avec ce porte-bébé. L'enfant peut être porté aussi bien sur le ventre, la hanche ou le dos de son porteur.
Il existe différents modèles commercialisés sous différents noms : Ringsling, Sling, Porte-câLLLin, Tonga…

Astuce…

Installez toujours les fesses de votre enfant au fond de la poche formée par le tissu. Pour le réglage de votre hamac/sling, positionnez d'abord bien votre enfant, placez les anneaux en avant de votre épaule puis tirez pour resserrer la poche. Certains de ces porte-bébés ont un réglage de précision du bord supérieur et inférieur de la poche.
N'hésitez pas à resserrer votre hamac de temps en temps si vous sentez que le réglage s'est détendu.

Bébé sur la hanche dans un Tonga réglable.

Le Tonga est un peu différent des autres porte-bébés car il faut toujours avoir une main en renfort pour permettre à l'enfant de garder son équilibre.

Enfant sur le dos dans un Colima-Sling
de Colimaçon & cie

Bébé couché dans un « BB-Sling » de Babylonia

Le porte-bébé Tonga s'inscrit dans une logique de liberté à donner au corps de l'enfant qui, on le constate, se tient progressivement tout seul. Dans ce porte-bébé le portage se vit à deux. L'enfant trouve lui-même son équilibre. Il n'est pas entravé et peut tout à la fois être dans une relation d'affection en étant le visage très près de la poitrine du porteur, mais aussi en relation avec l'extérieur. Le filet est un matériau souple dont la déformation latérale permet à l'enfant d'être très suffisamment enveloppé quand il est tout petit et modérément quand il est plus grand. Ce porte-bébé est en adéquation avec la matière dont il est fait. Arlette Schlegel Liebert, sociologue et conceptrice du Tonga. http://www.tonga.fr

Porte bébé Sling fait maison selon la technique des petits plis plats. *Créations maternage*, *Modèles et patrons* Editions La Plage

Le porte-bébé chinois, le " mei-tei"

Un porte-bébé chinois qu'est-ce que c'est ?

À l'origine un porte-bébé chinois ou « mei-tei » est un grand rectangle de tissu avec quatre longues lanières qui partent des coins du rectangle. Traditionnellement ce porte-bébé est utilisé uniquement en portage dorsal.

Depuis que le porte-bébé chinois s'est occidentalisé, des techniques ont été trouvées pour l'utiliser en portage ventral, dorsal et aussi pour porter bébé sur la hanche. Le principe de nouage est toujours le même.

Pour la petite histoire… Il y a quelques années on ne trouvait pas de porte-bébé chinois dans le commerce en Europe, car traditionnellement, les femmes asiatiques fabriquent elles-mêmes leur porte-bébé pendant leur grossesse. Elles y brodent ou cousent des signes distinctifs de leur famille, ajoutent leur touche personnelle, choisissent un tissu qui leur plaît. Elles fabriquent un nouveau porte-bébé pour chaque naissance.

Bébé porté sur le dos dans un Mama Koala de chez Lulu Nature.

Le portage ventral : mode d'emploi

1. Attacher dans votre dos les lanières inférieures autour de la taille (double nœud) ;
2. Bien centrer le rectangle de tissu ;
3. Installer votre enfant en position de grenouille sur votre ventre ;
4. Remonter le rectangle de tissu sur son dos ;
5. Faire passer les bretelles supérieures sur les épaules en maintenant toujours votre enfant d'une main ;
6. Saisir les bretelles dans votre dos d'une main ;
7. Attrapez une bretelle dans chaque main et tirer pour placer l'enfant à la bonne hauteur (à hauteur de bisous) ;
8. Croiser les bretelles et les faire revenir vers l'avant ;
9. Passer les bretelles sous les jambes de l'enfant ;
10. Faire un double nœud sous les fesses de l'enfant.

Le portage dorsal

1. Nouer les lanières inférieures sur votre ventre avec un double nœud ;
2. Placer le rectangle de tissu sur votre hanche ;
3. Installer votre enfant en position de grenouille et remonter le rectangle de tissu sur son dos ;
4. Faire pivoter votre enfant sous votre bras pour l'installer sur votre dos (en restant penché) ;
5. Faire passer les bretelles supérieures sur les épaules en maintenant toujours votre enfant d'une main ;
6. Saisir les bretelles devant votre poitrine d'une main ;
7. Attraper une bretelle dans chaque main et tirer pour placer l'enfant à bonne hauteur ;
8. Croiser les bretelles et les faire passer vers l'arrière ;
9. Passer les bretelles sous les jambes de l'enfant ;
10. Faire un double nœud sous les fesses de l'enfant.

Le portage sur la hanche

Pour porter sur la hanche droite :
1. Nouer les lanières inférieures sur votre ventre avec un double nœud ;
2. Placer le rectangle de tissu sur votre hanche ;
3. Installer votre enfant en position de grenouille et remonter le rectangle de tissu sur son dos ;
4. Faire passer une bretelle supérieure sur l'épaule gauche en maintenant toujours votre enfant de la main droite ;
5. Faire passer l'autre bretelle sous votre aisselle droite ;
6. Saisir les bretelles dans votre dos d'une main ;
7. Attraper une bretelle dans chaque main et tirer pour placer l'enfant à bonne hauteur ;
8. Croiser les bretelles et les faire passer vers la hanche droite ;
9. Passer les bretelles sous les jambes de l'enfant ;
10. Faire un double nœud sous les fesses de l'enfant.

Bébé porté en position ventrale dans le Marsupi Plus.

Le Marsupi Plus est un nouveau modèle de porte-bébé chinois arrivé récemment d'Allemagne. Il se différencie par son système d'attache. En effet les lanières ne se nouent pas mais se scratchent grâce à deux bandes Velcro.
Le seul bémol de ce porte-bébé est la nécessité de se faire aider pour fixer correctement les Velcro lorsque l'on choisi de porter son enfant sur le dos.

Le porte-bébé coréen

Proche du porte-bébé chinois, le porte-bébé coréen est composé d'un grand rectangle de tissu et d'une seule longue lanière. Il permet de porter son bébé sur le dos, la hanche et le ventre. Très agréable, aéré et facile à utiliser.

Bébé sur le dos dans le porte-bébé coréen Podeagi de Coréanne.

Le portage sans nœud

Le « double anneaux » est la solution idéale pour celles et ceux qui ne veulent pas apprendre les nouages de l'écharpe. En quelques secondes, on obtient une croix dans laquelle l'enfant pourra être installé couché, assis en position ventrale, ou placé sur la hanche et même sur le dos.
En fonction des marques, il existe différentes tailles ou réglages par fermetures à glissières. Les pans de la croix sont plus ou moins larges. Avec certains modèles on peut faire un vrai berceau, il faut plier l'anneau en deux avant de l'enfiler. Attention cependant car vous n'obtiendrez jamais la même précision de réglage qu'avec une écharpe de portage. Le tissu utilisé est plus ou moins extensible, doux et résistant au poids de l'enfant. Ces types de porte-bébés sans nœud coûtent en moyenne entre 40 et 55 euros.

Bébé porté sur la hanche dans le Carry me de chez Amazonas. Porte-bébé de type « double anneaux » (sans nœud), avec trois fermetures à glissières qui se placent dans le dos du porteur.

Le porte-bébé sophistiqué

Un porte-bébé physiologique « sophistiqué » présente une ceinture renforcée, des sangles, des boucles en plastique, des pressions, une capuche… rien à voir avec une écharpe de portage ! Pourtant ces modèles sont dits « physiologiques » car la position de l'enfant y est aussi idéale. Ils sont néanmoins un peu plus chers que les porte-bébés en tissu (90 à plus de 100 euros en moyenne).

Innovant, le porte-bébé 4BB2 !
Un porte-bébé inspiré par les harnais de planche à voile… d'ailleurs, une partie de ce porte-bébé est en néoprène ! Son prix moyen est de 80 euros.

Bébé sur la hanche dans le 4BB2. Un renfort amovible est prévu pour maintenir la tête des tout-petits.

« Je propose des formations au portage pour les parents et futurs parents et j'ai plusieurs fois remarqué que des parents, notamment des pères, sont plus attirés par ce style de porte-bébé. Cela leur semble plus fiable, moins compliqué, plus masculin.
L'exemple le plus frappant fut avec un papa qui avait été « obligé » de venir à la formation par sa compagne. Pendant que j'expliquais le principe de l'écharpe et que sa compagne essayait, lui restait dans son coin refusant de participer. Par contre dès que j'ai montré les systèmes alternatifs, il est sorti de son apathie et il m'a presque arraché l'ERGObaby des mains pour l'essayer immédiatement. Finalement il avait trouvé « son » porte-bébé et a filé l'acheter en sortant de la formation !
C'était touchant de voir à quel point ce père avait changé d'attitude en si peu de temps : morne et passif au départ puis enthousiaste et heureux après quelques minutes. »

Le porte-bébé non physiologique

Un porte-bébé non physiologique c'est un porte-bébé dans lequel l'enfant est suspendu par ses parties génitales avec le bassin en déséquilibre… Les adultes qui utilisent ces systèmes se plaignent très souvent de douleurs dorsales, d'inconfort et avouent ne pas les utiliser de manière intensive pour se ménager.

Ce style de porte-bébé est souvent vite limité par la taille ou le poids de l'enfant et vous devrez le remplacer par le modèle suivant tous les six mois environ ! Pas très économique à la longue.

Comment utiliser une écharpe porte-bébé ?

Les principes de base

Il existe quelques règles de base à respecter pour que le portage soit agréable tant pour le porteur que pour l'enfant.

« À hauteur de bisou »

En portage ventral et latéral, l'enfant doit être « à hauteur de bisou ». Tout simplement pour éviter les tensions lombaires. Pour vérifier que votre enfant est placé correctement, essayez de lui faire un bisou sur le front !

« En grenouille »

La position de l'enfant est primordiale. Pour que le portage soit physiologique, il faut inviter l'enfant à ouvrir les cuisses (l'abduction), et plier les genoux de manière à ce qu'ils soient plus hauts que les ischions (les os pointus des fesses). Si vous regardez une grenouille, vous observerez qu'elle a les cuisses écartées, les genoux pliés et relevés. Cette position permet à l'enfant de s'accrocher au corps de son porteur en resserrant légèrement les cuisses.

Jambes en « grenouille » : cuisses écartées, genoux pliés et relevés par rapport aux fesses.

Attention aux nouveau-nés qui ne veulent pas ouvrir les cuisses : il ne faut pas les y forcer ! Dans ce cas, on laisse l'enfant en position fœtale et le tissu de l'écharpe englobera toute sa base, c'est-à-dire ses fesses. L'enfant ne sera pas en appui sur ses pieds (car ce n'est pas confortable pour lui).

Lorsque l'enfant est assis latéralement, face au monde ou couché il n'est pas en position de « grenouille » mais plutôt en tailleur.

Le double nœud final

Quel que soit le nouage choisi il faut toujours terminer par un double nœud. Tout simplement pour la sécurité de votre enfant. Un nœud simple n'est pas suffisant et risque de glisser ou de se défaire lorsque vous aller marcher, bouger, danser... Pour éviter tout souci, faites systématiquement un double nœud et portez tranquille !

Le réglage

C'est ce qu'on oublie la plupart du temps... Si vous ne réglez pas votre porte-bébé, vous ne serez jamais totalement satisfait. Pour effectuer ce réglage, une fois bébé installé, il suffit de tirer sur les ourlets (les coutures) de l'écharpe : on tire 2 fois à gauche et 2 fois à droite. À vous de trouver votre réglage pour un portage confortable. Certaines personnes aiment porter l'enfant très haut sur le dos alors que d'autres le portent assez bas (sur les reins). La hauteur du portage ne change rien pour l'enfant si ce n'est que plus il

Bébé assis en position latérale dans le « croisé simple ». Toujours terminer par un double nœud…

ou ne veut plus être porté vous le dira ! Il peut y avoir une raison évidente mais ce n'est pas toujours le cas.

Bébé sur le dos en « croisé enveloppé ». Ce bébé se cambre car il refuse d'être porté sur le dos !

Pourquoi mon bébé refuse que je le porte ?

- Il n'aime pas la position ou le nouage (vérifiez alors son maintien),
- il a besoin d'être changé,
- il a faim,
- il n'en a pas envie,
- il veut jouer,
- il est attiré par quelque chose ou quelqu'un,
- il est malade.

est porté haut sur votre dos et plus il peut regarder par-dessus votre épaule. Il est également possible de desserrer son réglage pour changer son enfant de position (sans tout défaire), par exemple pour l'allaiter.

En cours de portage… Si vous oubliez de régler votre écharpe ou si le tissu de votre porte-bébé est glissant, votre bébé va descendre petit à petit et vous aurez de plus en plus mal au dos. N'hésitez pas à réajuster votre réglage en cours de portage si besoin !

Respecter l'enfant

Votre enfant à besoin de contact la plupart du temps mais parfois il a aussi besoin d'avoir son autonomie. Les enfants communiquent avec leur corps, leurs pleurs et vous apprendrez à décoder ce langage. Un enfant qui ne veut pas

Mon écharpe est toute vrillée, que faire ?

Plus l'écharpe « vrille » et moins vous réussirez à tirer sur les ourlets facilement. Lorsque le tissu « tourne » au niveau des épaules, cela crée une tension désagréable. Pour éviter cet inconvénient, prenez le temps nécessaire pour croiser un seul pan à la fois en le tenant par la couture supérieure.

❶ Étaler le tissu, placer le milieu au-dessus de la poitrine.

❷ Maintenir le milieu de l'écharpe d'une main et de l'autre attraper le bord supérieur pour amener le pan sur l'épaule.

❸ et ❹ Recommencer de l'autre côté : prendre l'ourlet supérieur et le rabattre sur l'épaule.

❺ Vous avez croisé les pans sans un seul pli !

Les grandes familles d'écharpes

Pour simplifier au maximum, il existe deux grands groupes d'écharpes de portage : celles en maille et celles en toile.

Les écharpes en maille

L'écharpe obtenue est plus ou moins extensible, le tissu ressemble à celui d'un tee-shirt épais (doux et élastique). La composition de ces écharpes varie d'un fabricant à l'autre, mais en général, il s'agit de coton ou d'un mélange de coton et d'élasthanne, parfois de fibres de bambou (écharpe Binana). Ces écharpes sont réputées pour être très douces et agréables à utiliser. Vérifier la notice du fabricant pour savoir jusqu'à quel âge ou quel poids vous pouvez porter votre enfant. En effet, la plupart de ces modèles ne sont plus valables pour des enfants au-delà de 8 à 10 kg.

Les écharpes en toile

Ces écharpes en coton sont tissées de façon à former une armure croisée (sergé croisé) qui garantit une bonne résistance et une élasticité en diagonale, pour que le tissu puisse s'adapter au millimètre près à la morphologie du porteur et de son enfant.

Les écharpes en toile sont plus « rigides » que les écharpes en maille, elles supportent des tensions plus importantes et la plupart de ces modèles permettent de porter des poids de 60 kg. Autant dire que vous ne serez pas limité par votre porte-bébé !

Bébé porté sur le dos dans une écharpe Je porte mon bébé

Les principaux nouages avec une écharpe en maille

Un nœud de base pour cinq positions

Le gros avantage des écharpes en maille c'est qu'il vous suffit d'apprendre un seul nouage pour pouvoir installer votre enfant dans cinq positions différentes. Le porteur peut déployer le tissu très largement sur ses épaules et autour de son bassin afin de réduire au maximum toute tension due au portage.

Attention cette écharpe souple en maille ne se noue pas de la même manière qu'une écharpe en toile ! On remarque que les porteurs utilisent souvent mal leur écharpe en maille. Il est important de consulter les notices des différentes écharpes ou mieux de participer à un atelier avec une personne formée aux différents nouages et variations possibles.

Le nouage de base

❶ Prendre le milieu de l'écharpe et le placer sur le ventre. Croiser les pans autour du bassin.

❷ Passer les pans de l'écharpe sur les épaules (veiller à ce qu'ils soient bien à plat).

Sur le dos... Pour installer bébé sur le dos, il suffit de faire le nœud de base à l'inverse c'est-à-dire en commençant avec le milieu de l'écharpe dans le dos.

3 Bien tendre le tissu, ne pas laisser d'espace entre vous et le tissu.

4 Faire passer les pans dans le bandeau ventral.

5 Croiser les pans sur votre ventre.

6 Puis croiser les pans dans le dos.

7 Terminer par un double nœud sur le ventre.

Astuce

Inutile de prévoir de la place pour l'enfant lorsque vous préparez votre nouage. Le tissu étant élastique il se détendra suffisamment pour que vous puissiez insérer votre bébé.

Les positions possibles

Bébé peut être installé
• en position ventrale : idéal pour les tout-petits, pour dormir et se faire câliner ;
• sur la hanche : pour la découverte et les moments d'éveil ;
• en position « berceau » : pour dormir ou téter ;
• « face au monde », en « bouddha » : pour découvrir, toucher, regarder et participer à une activité ;
• sur le dos : pour une balade, pour les plus grands.

Installer bébé en position ventrale

1️⃣ Prendre bébé contre soi d'une main et passer l'autre main sous une bretelle.

2️⃣ Faire passer la jambe et l'épaule du bébé dans la bretelle.

3️⃣ Étendre le tissu sur le dos du bébé et entre ses jambes.

4️⃣ Passer la main sous la bretelle vide, faire passer la jambe et l'épaule...

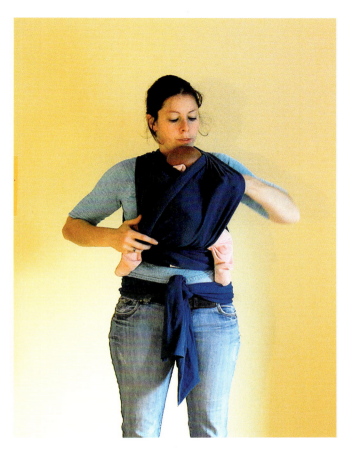

5 ... puis étaler le tissu sur le dos et entre les jambes du bébé.

6 Attraper le bandeau resté autour du ventre.

7 Recouvrir les pieds et le dos du bébé.

8 Déployer le tissu sur les épaules et autour du bassin pour plus de confort.

Installer bébé en position "berceau"

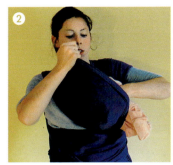

❶ Prendre bébé contre soi avec une main et ouvrir le tissu avec l'autre main : la bretelle forme un hamac.

❷ Asseoir les fesses du bébé au fond du « hamac » puis étendre le tissu autour de ses épaules, sa tête et ses pieds.

❸ Attraper la deuxième bretelle…

❹ …et recouvrir l'enfant en déployant bien le tissu.

❺ Attraper la poche ventrale et en recouvrir le bébé.

De quel côté installer bébé ?

Il faut repérer la bretelle qui est la plus proche de vous. C'est de ce côté que vous allez installer votre enfant ; en étendant la bretelle vous obtenez un petit hamac qui accueille bébé. L'autre bretelle recouvrira votre enfant dans un deuxième temps.

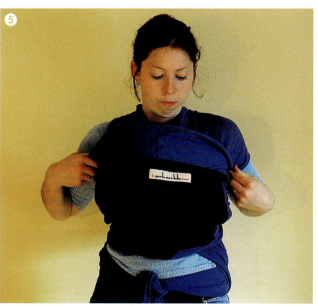

Installer bébé en position "face au monde"

1. Prendre le bébé dos à soi avec une main.

2. et 3. Installer les fesses du bébé dans le « hamac » formé par la bretelle la plus proche de soi.

4. Déployer l'autre bretelle sur le bébé.

5. Enfin, remonter la poche ventrale.

Les principaux nouages avec une écharpe en toile

« Quand je vois les prix des écharpes je préfère la faire moi-même !
Après tout ce n'est qu'un morceau de tissu… »

C'est vrai qu'il est tentant de se rendre chez un marchand de tissu et de choisir celui qui nous plait le plus esthétiquement. Le souci c'est que vous risquez fort de choisir un tissu qui ne conviendra pas. Pourquoi ? Le tissu contient probablement des colorants toxiques pour votre bébé et du plomb. Le tissage ne sera pas assez résistant ou élastique pour vous permettre de porter votre bébé confortablement. Si vous réussissez à trouver un « bon » tissu de portage, il sera très cher et vous dépenserez la même somme que pour une écharpe du commerce, sans avoir la notice !

Quelle longueur choisir pour mon écharpe ?

Pour simplifier, si vous êtes débutant, que vous avez une morphologie « standard » et que vous souhaitez réaliser tous les nouages possible, choisissez une écharpe de 4,60 m. Si votre gabarit est au-dessus de la moyenne (plus d'1,80 m et plus de 90 kg), préférez une écharpe de 5,20 m. Si vous avez un doute concernant la taille de votre écharpe, renseignez-vous auprès de votre vendeur qui saura vous conseiller.
Parfois avec l'expérience, on peut préférer une écharpe plus courte (3,60 m) afin de réaliser les nouages « kangourou » ou le nouage du « hamac ». Il est alors facile de couper son écharpe ou d'en changer (troc, location, achat).
Remarque : les écharpes en maille ont une taille unique (environ 6 m de long) ; rien ne vous empêche de couper le tissu si au final la longueur ne vous convient pas.

Astuce : comment repérer le milieu de votre écharpe rapidement ?

Facile ! Car désormais les fabricants signalent le milieu de l'écharpe par un repère visuel : une étiquette, broderie, coloration spéciale…
Si jamais votre écharpe n'a pas de repère au milieu, prenez 5 minutes pour en coudre un vous-même. Cela vous facilitera bien la vie à chaque fois que vous voudrez utiliser votre écharpe.

Le "double-croisé"

Le double croisé permet de porter votre enfant sur votre ventre, dès la naissance, en position verticale. Vous allez avoir la sensation d'être à nouveau enceinte (même si votre enfant est plus haut). Votre bébé sera comme dans un cocon, baigné dans votre chaleur, votre odeur. La position verticale limitera les coliques et les régurgitations.

Une fois que votre bébé voudra découvrir le monde qui l'entoure, il vous fera comprendre qu'il est temps de trouver une autre position de portage.

1 Prendre le milieu de l'écharpe.

2 Mettre le milieu sur le ventre.

3 Croiser les pans de l'écharpe dans le dos et les passer sur les épaules.

4 Préparer la poche ventrale qui va accueillir bébé.

5 Glisser votre bébé dans la poche, l'installer en position de « petite grenouille » et à « hauteur de bisou ». Le tissu passe sous les fesses (jambes sorties) et sous les bras (jusqu'à la nuque pour un nourrisson).

6 Réglage du tissu : on tire sur les ourlets. Une fois à droite…

7 …puis l'autre ourlet à droite. Ensuite deux fois à gauche.

Certains nourrissons ne veulent pas écarter les cuisses. Laissez-les en position fœtale ! L'enfant est alors installé dans la poche ventrale et les pans, une fois réglés, passent sous les fesses de l'enfant, et sont croisés puis noués dans le dos du porteur.

8 et **9** Croiser les pans de l'écharpe sous les fesses de l'enfant et les passer ensuite sous ses jambes.

10 Faire un double nœud dans le dos.

11 Déployer les pans de l'écharpe pour rendre la position de l'enfant confortable. D'abord le pan qui est dessous…

12 …puis déployer le pan qui est dessus. C'est fini !

Le "croisé simple"

Il s'agit d'un nouage multifonction car vous pouvez installer votre bébé à votre guise aussi bien couché, qu'assis ou en position verticale, en ajustant simplement votre réglage. Autre avantage de ce nouage : vous pouvez mettre et enlever votre enfant sans défaire tout le nœud.

1 Repérer le milieu de votre écharpe et la placer dans le dos.

2 et **3** Croiser les pans sur le torse et les passer sur les épaules

4 puis croiser les pans dans le dos.

5 Faire un double nœud sur le ventre.

Installer bébé en position verticale

Pour enlever bébé, le changer de position ou desserrer l'écharpe : défaire le nœud final, le refaire 10 cm plus loin, et tirer vers l'avant les pans de l'écharpe au niveau des épaules.

❶ Passer la main gauche sous le pan de l'écharpe pour attraper la jambe et l'épaule droite de l'enfant.

❷ Passer ensuite la main droite sous le pan de l'écharpe pour attraper la jambe et l'épaule gauche de l'enfant.

❸ Étendre enfin les pans de l'écharpe sur le dos de l'enfant, bien étaler le tissu d'un genou à l'autre pour répartir le poids et la tension sur une large zone.

❹ Régler l'écharpe : placer les mains de part et d'autre du nœud final et tirer vers l'avant.

❺ Refaire le double nœud final sous les fesses de l'enfant.

Bébé assis latéralement contre son porteur

1 Prendre l'enfant contre soi avec une main et avec l'autre main bien ouvrir le pan de l'écharpe qui est le plus proche de soi.

2 et **3** Installer d'abord les fesses de l'enfant au fond du « hamac », puis étaler le tissu autour de ses épaules. Lorsque l'enfant est petit, sa tête et ses pieds se trouvent aussi dans le hamac.

4 Utiliser le deuxième pan de l'écharpe pour recouvrir l'enfant et ainsi le sécuriser et répartir son poids sur les deux épaules du porteur. Finir par le réglage du double nœud.

Bébé installé « en berceau »

Installer d'abord les fesses de l'enfant au fond du « hamac » formé par le pan de l'écharpe qui est contre vous. Recouvrir l'enfant avec le deuxième pan pour sécuriser la position et répartir le poids sur les deux épaules du porteur.

Bébé en position « face au monde »

Là encore, on installe d'abord les fesses de l'enfant au fond du « hamac » formé par le pan le plus proche de soi. Ensuite on se sert du deuxième pan pour recouvrir l'enfant. Les jambes sont en position « bouddha » le plus souvent et l'été bébé joue avec ses pieds !

À ne pas faire !

Porter son enfant « face au monde » avec les jambes pendantes. Pourquoi ?
Tout simplement parce que votre enfant est suspendu par les parties génitales.
Dans cette position son bassin n'est pas soutenu et cette position est tout sauf confortable pour lui. L'enfant ne peut pas s'accrocher à vous avec ses jambes comme il peut le faire lorsqu'on le porte contre soi. Pour le porteur, cette position favorise les douleurs lombaires et les hématomes sur les cuisses lorsque l'enfant donne des coups de pieds avec ses chaussures…

**Polémique sur le portage
« face au monde »…**

Certains spécialistes du portage pensent qu'il faut éviter de porter les bébés « face au monde ». Pourquoi ? parce que c'est trop stimulant et que le bébé n'a pas de contact visuel avec son porteur.
Ce type de portage est de toute façon à faire dans un environnement calme (pas dans le métro), pour une durée qui devrait se limiter à une demi-heure tout au plus. Lorsque vous portez votre enfant de cette manière, soyez encore plus attentif à lui !

Le « croisé enveloppé » sur le dos (à deux)

Lorsque votre enfant est plus lourd ou pour une longue balade, vous pouvez choisir de le placer sur le dos. Commencer avec cette méthode à deux personnes sera moins stressant pour vous et l'enfant.

❶ La personne qui porte se penche en avant tandis que la personne qui l'aide installe le bébé sur son dos, la tête au niveau des épaules du porteur.

❷ L'aide place le milieu de l'écharpe sur le dos du bébé et déploie le tissu bien au-dessus des fesses du bébé.

❸ Le porteur récupère le tissu sous les aisselles et fait un nœud simple bien serré au-dessus de la poitrine.

❹ L'aide attrape les pans du tissu qui passent sur les épaules du porteur.

5 L'aide croise le tissu sous les fesses de l'enfant et fait passer les pans sous ses jambes, puis donne les pans du tissu au porteur.

6 Le porteur fait un double nœud sur son ventre.

7 L'aide déploie les pans du tissu sur le dos de l'enfant.

8 Le porteur se redresse… et c'est parti pour la balade !

Comment installer bébé sur le dos, quand on est seul ?

Pour installer son enfant sur le dos, il existe une multitude de techniques plus ou moins « acrobatiques »… en tous cas, à première vue ! Au départ, n'hésitez pas à vous faire aider par quelqu'un, car vous avez besoin d'un peu de pratique pour avoir confiance en vous et votre bébé doit aussi comprendre ce qui va se passer et ce qu'on lui demande de faire. Par la suite, avec un peu d'entraînement et de complicité, ce sera un jeu d'enfant !

Pour mettre votre bébé sur votre dos, vous pouvez installer l'écharpe sur votre lit, un fauteuil, une table…

Une fois que vous aurez choisi votre support :

- Placez votre bébé au milieu de l'écharpe (le bord supérieur arrive au niveau de ses oreilles).
- Installez-vous dos à votre bébé (ses jambes sont en contact avec vous), attrapez les bords supérieurs de l'écharpe avec une main, tendez bien !
- Avec la main libre soutenez les fesses de l'enfant et poussez vers le haut pour le faire remonter dans votre dos (c'est plus facile si vous vous penchez en même temps).
- Votre bébé est sur votre dos ! À vous de choisir quel nouage vous voulez réaliser.

Autres solutions :

Prenez votre enfant sur votre hanche et faites-le glisser sur votre dos en le passant sous votre bras.

Ou prenez votre enfant dans vos bras et faites-le passer sur votre dos par-dessus votre épaule en gardant toujours vos têtes en contact.

Ou encore, prenez votre enfant sous les bras (il est dos à vous) et faites-le pivoter en l'air au-dessus de votre épaule. Les papas y arrivent très bien !

Le « kangourou devant »

Les nœuds de la famille « kangourou » sont réputés pour être très physiologiques. Ce sont d'ailleurs les nouages les plus utilisés et enseignés en Allemagne. Pourquoi paraissent-ils tellement mieux ? Pour l'instant il n'existe pas d'étude scientifique reconnue sur le sujet, mais d'après le travail de kiné-sithérapeutes et d'ostéopathes, ce serait dû au fait que le tissu est croisé plus haut dans le dos du porteur (les épaules sont maintenues en bonne position) et que le nouage final est plus haut sur le buste du porteur qu'avec les nouages des croisés (faible pression sur les organes du bas-ventre). Tout cela amène les adeptes de ces nouages à penser que le périnée s'en trouve protégé.

Le « kangourou devant »

Idéal pour un nourrisson, le nouage du « kangourou devant » demande un peu de dextérité et d'entraînement. Ce nouage peut se réaliser avec une écharpe courte (2,60 m).

1 Prendre l'enfant contre soi à « hauteur de bisou », et placer le milieu de l'écharpe sur son dos. Le tissu passe au niveau de la nuque et sous les fesses de l'enfant.

2 et 3 Placer le tissu sur une épaule (ici la gauche) et réaliser une volte : passez votre main sous l'écharpe, attrapez le bord qui touche votre cou et retournez-le sur votre épaule.

Vous devrez toujours tenir votre enfant d'une main jusqu'au double nœud final.

4 Faire la volte sur l'autre épaule (ici la droite).

5 Passer la main droite dans le dos et attraper le pan gauche de l'écharpe. Tenir l'enfant de la main gauche. Tirer sur les ourlets du tissu pour bien ajuster l'écharpe.

6 Tenir l'enfant de la main droite, en gardant le pan de l'écharpe bien réglé. Avec la main gauche, attraper le pan restant dans le dos et tirer sur les ourlets pour le réglage.

7 Tirer encore sur les pans pour ajuster le réglage et finir par le double nœud sous les fesses de l'enfant. Les pans passent sur les jambes de l'enfant.

8 Le « kangourou devant » vu de profil.

Attention !

Si le réglage du tissu n'est pas correct, le tissu va « sauter » sous les fesses de votre enfant. Il faut alors réajuster votre tissu pour éviter les frayeurs !

Le « kangourou sur la hanche »

Plus agréable que le « hamac » simple pour installer son enfant sur la hanche, tout simplement parce que vous pouvez régler votre écharpe avec votre enfant déjà en position. Porter sur la hanche est toujours plus délicat : vous êtes déséquilibré, en asymétrie. Cependant, c'est l'occasion d'accompagner votre bébé dans ses découvertes.

1. Placer votre enfant à califourchon sur votre hanche, le milieu de l'écharpe sur son dos (de la nuque aux fesses).

2. et 3 Sur l'épaule libre, passer le pan de l'écharpe et réaliser la volte.

4. et 5 Tenir l'enfant de la main droite et avec la main gauche attraper le pan droit. Tirer sur les ourlets pour le réglage du tissu.

6. et 7 Tenir l'enfant et le pan déjà réglé de la main gauche et avec la main droite attraper le pan droit. Tirer sur les ourlets pour le réglage du tissu.

8 et **9** Terminer par un double nœud sous les fesses de l'enfant (le tissu passe sur les cuisses).

Adaptation pour les écharpes de 4,60 m

Vous pouvez utiliser une écharpe courte pour réaliser les nouages « kangourou », mais si vous utilisez votre écharpe de 4,60 m, vous pouvez terminer le nouage en croisant les pans du tissu sous les fesses de votre enfant et en faisant le double nœud final dans votre dos.

Le « kangourou sur le dos »

Les parents qui font ce nouage disent souvent qu'ils ont l'impression d'avoir « un sac à dos ». C'est assez facile à faire, vous pouvez choisir de croiser les bretelles sur le torse ou de les faire passer directement sous les aisselles. Un nouage bien agréable pour les randonnées !

① Repérer le milieu de l'écharpe et installer bébé sur le dos (voir les différentes possibilités, page 58).

② Bien tirer sur les ourlets de chaque côté puis passer les pans sur vos épaules.

Attention ! Évitez de croiser les pans du tissu sur le dos de votre enfant car vous risquez de lui écraser le dos. L'écharpe respectera la courbure naturelle de son dos si vous faites le croisement sous ses fesses.

3 Croiser les pans sur la poitrine et amener le tissu dans le dos.

4 Croiser les pans du tissu sous les fesses de l'enfant.

5 Terminer par un double nœud sur le ventre.

Adaptation

Si vous n'aimez pas le croisement entre les seins, vous pouvez l'éviter en passant directement les pans dans le dos. L'écharpe ressemblera alors à deux bretelles sur vos épaules. Veillez cependant à légèrement enrouler les bretelles sur vos épaules afin de bien fixer le tissu qui sinon aura tendance à glisser sur votre bras.

Installer bébé dans le « hamac » sur la hanche

Le nœud du « hamac » permet un portage asymétrique, car le poids de l'enfant est porté par une seule épaule et par la hanche opposée (si l'enfant est placé à califourchon sur la hanche). Le porteur se trouve donc en léger déséquilibre.

Dans le nouage du « hamac », l'enfant peut être installé assis ou couché et on peut aussi bien le porter sur le ventre, sur la hanche ou sur le dos. On peut donc réaliser ce nouage dès la naissance.

❶ Prendre le milieu de l'écharpe. Mettre le milieu de l'écharpe sur l'épaule porteuse.

❷ Faire un double nœud sur la hanche opposée.
Faites le nœud au niveau de l'os iliaque (la hanche) pour avoir un point de repère. En effet si votre hamac est trop serré ou trop lâche, vous pourrez corriger le réglage en faisant votre double nœud en dessous ou au-dessus de l'os iliaque.

Astuce...
Pour coucher ou asseoir l'enfant, vous devez d'abord mettre ses fesses au fond du hamac.

3 Faire pivoter le double nœud dans le dos. Le « hamac » est prêt à être utilisé de différentes manières.

4 Glisser les deux pieds de l'enfant dans le « hamac », l'asseoir à califourchon sur la hanche opposée à l'épaule porteuse, remonter le tissu jusqu'aux aisselles (ou la nuque pour un enfant plus petit). Si besoin, régler la tension du tissu en faisant une volte sur l'épaule.

5 Avec le reste de l'écharpe, vous pouvez vous entourer

la taille pour ne pas trébucher dans le tissu, recouvrir bébé s'il fait froid ou le sécuriser s'il est installé sur la hanche.

6 Saisir les pans de l'écharpe de chaque côté et les croiser entre les jambes de l'enfant. Terminer par un double nœud dans le dos.

Coportage, grossesse, allaitement...

Le portage et la grossesse

Un soutien en fin de grossesse

Il existe une série de nouages qui permettent de soutenir votre ventre en fin de grossesse, de maintenir votre bassin et de redresser vos épaules, ce qui ouvre votre cage thoracique. Ces nouages sont à faire plutôt en fin de journée, pas plus de deux heures par jour car vos muscles doivent aussi travailler par eux-mêmes.

> **Astuce...**
>
> En faisant ce nouage de grossesse vous allez commencer à manipuler votre écharpe, à l'apprivoiser, à l'assouplir et lui donner votre odeur. Vous serez fin prête pour porter votre bébé dès la naissance !

Le nouage de grossesse le plus utilisé

 ❶

 ❷

❶ Placer le milieu de l'écharpe en accordéon sous le ventre.

❷ Entourer votre bassin et croiser les pans dans le dos (en serrant si cela vous soulage).

❸ Passer les pans sur les épaules.

❹ Puis les passer sous les aisselles.

❺ Croiser dans le dos.

6 Tirer sur les pans vers l'avant, en ajustant en fonction de la tension souhaitée et nouer l'écharpe sous le ventre. Vous pouvez faire un double nœud pour déjà prendre l'habitude. Vous pouvez aussi déployer l'accordéon du départ sur votre ventre. Vous allez sentir que votre bassin est bien maintenu et vos épaules tirées en arrière.

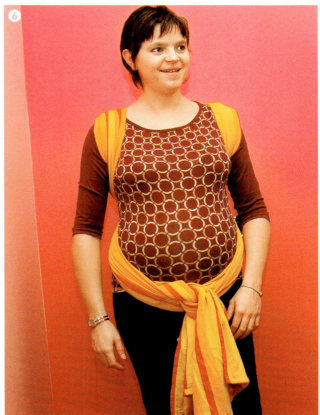

Comment terminer le nouage du « croisé enveloppé sur le dos »

❶ Pour réaliser le « croisé enveloppé sur le dos », voir le pas à pas page 56.
Après avoir croisé sous les fesses de l'enfant, ramener les pans de l'écharpe vers l'avant.

❷ Attraper l'une des bretelles de l'écharpe (ici à droite) et passer le pan de l'écharpe sous la bretelle en tirant bien. Recommencer de l'autre côté. Bien tirer sur les deux pans pour garder le réglage du tissu.

❸ Vous pouvez terminer avec un nœud entre les bretelles.

Porter un aîné lorsque l'on est enceinte

Pour éviter d'écraser votre utérus, il faudra porter votre enfant de préférence sur la hanche ou sur le dos. On peut porter avec une écharpe mais aussi avec d'autres systèmes qui demandent moins de manipulations, ce qui est bien appréciable en fin de grossesse !

Avec l'écharpe, il est possible d'adapter son nouage pour éviter d'avoir le nœud sur le ventre. En fin de grossesse, il est plus courant de porter son aîné sur le dos avec le « croisé enveloppé sur le dos » On adapte ce nouage en ne terminant pas par le double nœud final sur le ventre, mais en bloquant les extrémités de l'écharpe dans les bretelles formées par les pans qui passent sur les épaules, ou bien on fait le nœud final au-dessus de la poitrine.

Le portage des nouveau-nés

Dans notre culture, on préfère porter les nouveau-nés sur notre ventre. Tout simplement pour les voir, les toucher, les contempler.

Le portage vertical permet de limiter les problèmes de régurgitations et de coliques du nourrisson. La plupart des parents portent leur enfant avec le « double croisé » (voir page 49) ou le « croisé simple » (voir page 52). D'autres plus avertis ou expérimentés préfèrent le « kangourou » (voir page 60).

Le portage en berceau permet au bébé de dormir paisiblement et d'être allaité à la demande en toute discrétion. Pour installer l'enfant en berceau, vous pouvez réaliser le nouage du « hamac » (voir page 46) ou le « croisé simple » (voir page 54).

Sachez que le portage s'adapte à tous et que c'est vous qui choisissez ce que vous voulez faire. Si vous vous sentez à l'aise pour porter votre nourrisson sur le dos, pourquoi pas !

Porter un prématuré

Même bien installé dans sa couveuse, votre bébé sera toujours mieux en peau à peau sur vous ou votre compagnon, le contact direct apportant de grands bénéfices au développement d'un bébé né prématurément[1]. Pour cela, vous pouvez utiliser un bandeau de portage spécialement adapté aux prématurés. L'équipe médicale et soignante vous aidera pour les premières installations de votre bébé.

Pour aller plus loin

• *Bébés kangourou, materner autrement,* de Nathalie Charpak, éditions Odile Jacob, 2005. Pédiatre française installée en Colombie depuis presque vingt ans, le docteur Nathalie Charpak exerce à l'hôpital San Ignacio de Bogotá. Elle dirige depuis 1994 la Fondation Kangourou chargée de l'évaluation et de la diffusion de la méthode kangourou dans le monde entier. Un livre document très complet et abondamment illustré qui peut être utile à tous les parents du monde.

Bébé prématuré en peau à peau. Bandeau Minilou.

1 - Lire notamment les études traitant des bénéfices du « peau à peau » dans : *Bébés kangourou, materner autrement*, de Nathalie Charpak, Odile Jacob, 2005.

• *La méthode « mère kangourou ». guide pratique*, 2004. Pour toutes celles et ceux qui veulent tout savoir sur la méthode « mère kangourou », l'Organisation mondiale de la santé (OMS) a publié un guide pratique que vous pouvez télécharger sur son site[1]. Recommandé à tous les professionnels de la santé en contact avec des prématurés et des nouveau-nés, il s'adresse aussi aux parents ou futurs parents.

• *Peau à peau avec votre bébé prématuré.* Livret de l'association Sparadrap[2] pour informer les parents sur les nombreux bienfaits de la méthode du peau à peau.

Le bandeau de portage, comment s'en servir ?

1 - Enfiler le bandeau à la place de votre tee-shirt (sans soutien-gorge pour les mamans) et faites-en un accordéon autour de la taille.

2 - Prenez votre bébé habillé seulement d'une couche et d'un bonnet s'il fait frais dans la pièce.

3 - Placez votre bébé entre vos seins, en position de « grenouille » c'est-à-dire avec les jambes écartées, les genoux pliés et relevés jusqu'au bassin. Attention si votre bébé n'ouvre pas les cuisses, ne forcez pas l'ouverture, laissez-le en position fœtale.

4 - Remontez le bandeau sur le dos de l'enfant jusqu'à la nuque voire plus haut.

Les bandeaux sont en coton et élasthanne, suffisamment souples et résistants pour bien maintenir bébé sans le comprimer. La matière utilisée pour ces porte-bébés est testée pour convenir à des bébés jusqu'à 3 kg.

Ces bandeaux peuvent aussi être très utiles quand une maman est césarisée ; elle peut garder son bébé sur elle dès la naissance et les premières heures sans avoir peur de s'endormir et donc de relâcher sa vigilance.

Pour les autres mamans, le bandeau est aussi bien pratique pour stimuler la lactation et faire du peau à peau en toute sécurité pendant le séjour à la maternité et à la maison pendant les premiers jours.

Où trouver ces bandeaux de portage ?

Vous pouvez vous procurer ces bandeaux à la maternité ou en néonatalogie dans certains établissements, ou en les achetant directement sur :

• http://www.minilou.fr
Bandeaux de fabrication française disponibles en 4 tailles, améliorés par des bretelles pour ne pas se sentir nu(e) et sécurisés à la taille par une bande plus étroite.

• http://www.portersonbebe.com
Bandeaux de la Fundación Canguro fabriqués dans un petit atelier artisanal de Bogotá en Colombie. Basique, 4 tailles au choix.

le coportage

Il faut aussi savoir que des enfants d'âges rapprochés demandent à être portés en même temps ! Pour cela il faut de l'imagination, des muscles… et si possible deux porte-bébés. Cela s'apparente au portage simultané de jumeaux sauf que les poids ne sont pas identiques.

Quelles solutions ?

• L'enfant le plus léger devant et le plus lourd sur le dos.

• L'enfant le plus léger devant et le deuxième sur la hanche.

• L'enfant le plus lourd devant et le plus léger sur le dos.

Astuce pour installer un enfant devant et un autre sur le dos

1. Tout d'abord, il faut nouer l'écharpe qui servira à porter l'enfant sur le ventre.

2. Ensuite, on installe l'enfant sur son dos avec une écharpe ou un autre type de porte-bébé physiologique (porte-bébé chinois, ou porte-bébé « sophistiqué »).

3. Enfin on installe l'enfant sur son ventre.

Porter des jumeaux

Si vous voulez éviter les joies de la poussette double, vous pouvez opter pour des porte-bébés moins encombrants. Évidemment vous n'êtes pas obligé de porter vos enfants en même temps mais parfois il faut avouer que c'est indispensable.

Les premiers jours ou semaines lorsque les bébés sont quasiment du même poids, on peut se permettre d'utiliser une seule écharpe pour les installer tous les deux assis latéralement ou couchés dans les « hamacs » formés par les pans du « croisé simple ». Dès que les enfants grandissent ou que leur poids diffère trop, il faut choisir une solution à deux écharpes ou à deux porte-bébés. Vous pouvez alors porter vos enfants de différentes manières .

Les deux sur le ventre
Dans ce cas vous pouvez faire un « croisé simple » et installer un premier bébé légèrement sur le côté. Puis avec une deuxième écharpe, vous faites un autre « croisé simple » pour installer votre deuxième bébé légèrement de l'autre côté.

Un bébé sur chaque hanche
Vous pouvez utiliser une écharpe pour l'un et un hamac/sling ou un porte-bébé chinois pour l'autre.

Un devant et un derrière
Là encore vous pouvez utiliser deux écharpes ou une écharpe et un autre type de porte-bébé physiologique. Vous vous sentirez plus légère ! En général on met l'enfant le plus lourd sur le dos.

Portage d'un bébé sur le ventre avec le « croisé simple ». L'autre bébé est installé sur le dos en « kangourou ».

1 - Site de l'OMS : http://www.who.int/
reproductive-health/publications/fr/kmc/index.html
2 - Livret de 16 pages, à commander sur le site de l'association : http://www.sparadrap.org

Le portage du bébé allaité

L'allaitement en position "berceau"

Le hamac/sling avec anneaux est très pratique et rapide à enfiler lorsque bébé à faim. Pensez à bien placer les fesses de l'enfant au fond du hamac lors de l'installation. Vous pouvez allaiter votre bébé en position « madone » comme sur la photo ou en position « ballon de rugby », simplement en pivotant le porte-bébé jusqu'à ce votre l'enfant ait accès à l'autre sein.

Le « hamac » (voir page 46) est un nouage facile à réaliser, surtout avec une écharpe courte. La transition entre la tétée et le sommeil se fait tout naturellement et en douceur. Idéal pour les nourrissons qui sont encore légers puisque l'écharpe prend appui sur une seule épaule.

L'allaitement en position verticale

Lorsque vous portez votre bébé dans le « croisé simple » (voir page 54), vous avez une liberté totale pour l'allaiter aux bons moments. En desserrant votre écharpe de quelques centimètres votre enfant va se retrouver à la bonne hauteur pour téter confortablement. Pour cela, défaites le nœud final et refaites-le un peu plus lâche puis tirez vers l'avant les pans de l'écharpe qui sont sur vos épaules. À la fin de la tétée pensez à resserrer votre écharpe ; tirez de part et d'autre du nœud final pour bien tendre le tissu et refaites-le nœud sous les fesses de votre bébé.

Vous pouvez aussi allaiter votre bébé lorsqu'il est assis à califourchon sur votre hanche, maintenu par une écharpe (nouage du « hamac ») ou un porte-bébé chinois.

L'allaitement au biberon

Les bébés allaités ne sont pas les seuls à avoir faim où qu'ils soient et il est parfois nécessaire de leur donner un biberon au cours d'une balade. C'est tout à fait possible et très confortable pour votre enfant comme pour vous ! Pour cela on peut asseoir bébé dans le « croisé simple » par exemple.

Bébé allaité en « berceau »

Bébé allaité assis dans le " croisé simple "

Le portage du bébé de quelques semaines, mois ou années …

Souvent les parents demandent à partir de quel âge faire tel nouage, mettre l'enfant dans telle position… En fait, il n'existe pas de réponse standard puisque vous pouvez porter votre enfant de la façon dont vous avez envie, surtout si vous avez déjà suivi une petite formation avec une association ou une personne compétente.

Généralement on constate que les nourrissons sont d'avantage portés sur le ventre du porteur, en ventre à ventre ou en berceau. Peu de nouveau-nés sont portés sur le dos. Ensuite lorsque l'enfant est plus éveillé et qu'il tient sa tête, les parents portent d'avantage sur la hanche. Enfin, plus l'enfant devient lourd et plus le pourcentage d'enfants portés sur le dos augmente.

Quand commencer à porter sur le dos ?

Simplement quand les parents se sentent prêts ! Ce sera peut-être le cas dès les premiers jours de vie du bébé ou cela n'arrivera jamais… entre les deux toutes les situations restent possibles.

Le seul conseil serait de suivre une petite formation pour porter son enfant sur le dos en toute sécurité, afin d'éviter les frayeurs et les contorsions douloureuses.

Porter un enfant… intensément

Deux questions à une spécialiste

Laurence Vaivre-Douret est neuropsychologue clinicienne du développement à l'hôpital Cochin, professeur des universités en psychologie du développement à Paris X, et responsable de l'équipe de recherche en neurodéveloppement et troubles des apprentissages à l'hôpital Necker (Inserm).

Manuella Favreau : *Quelle(s) limite(s) voyez-vous à l'utilisation intensive de porte-bébés dits physiologiques?*

L.V-D : Certains facteurs sont à prendre en compte pour doser le portage. En effet des facteurs néonataux vont amener les parents à utiliser tel ou tel mode de portage afin de ne pas conforter une position vicieuse en cas de torticolis congénital, de malposition utérine, de gémellité… Un bon portage doit être confortable pour l'enfant et doit demander un minimum

« Je préfère porter Camille devant même maintenant qu'elle pèse 8 kilos ; je l'ai toujours portée comme ça, dès la sortie de la maternité, et elle aime vraiment être contre moi ! Quand je suis allée à un cours de portage, on nous a expliqué comment porter sur le dos mais ça ne m'inspire pas du tout ! Je serais trop stressée de ne pas la voir. En plus je ne suis pas souple du tout alors je ne sais pas comment je pourrais me débrouiller toute seule pour faire le nœud. J'ai adopté le portage devant et je n'ai pas l'intention d'arrêter ! » **Géraldine**

d'effort à la mère pour ne pas induire de déséqui-libre tonique. Un déséquilibre chez la mère finit toujours par se répercuter chez le bébé. Sachant que le portage est source de stimulation, il faut un juste dosage. Par exemple il faut doser la stimulation vestibulaire, car une hyperstimulation n'est pas normale : nous avons besoin de sentir la pesanteur. L'enfant a aussi besoin de sentir par lui-même son action motrice, tester son auto-nomie et les réactions de ses muscles…

M. F. : *Quelle serait selon vous la position la plus adaptée pour installer un nourrisson avec une écharpe de portage?*
Laurence Vaivre-Douret : Pour répondre à cette question, il faut d'abord savoir si on veut installer un enfant éveillé ou endormi : pour l'éveil on choisira une station érigée, tandis que pour le sommeil on optera pour une position latérale de relâchement – de la nuque et du dos. Il faut absolument éviter le ballottement, surtout si l'enfant ne tient pas sa tête ; il faut un calage de la tête dans l'axe du tronc, quelle que soit la position choisie.
Le choix de la position doit aussi tenir compte du but de ce portage : le bébé est-il porté au cours d'un déplacement, c'est-à-dire pendant la durée du transport ? Ou alors est-il porté pour une promenade au cours de laquelle auront lieu des interactions, des sollicitations et des échanges avec le porteur ? Ou encore l'enfant est-il porté pour des moments de découverte avec une recherche de liberté des membres pour qu'il évolue dans le même champ spa-tial que son porteur ? Tout cela va déterminer la position dans laquelle l'enfant sera placé : contre son porteur en ventral ou sur le dos, face au monde…

Remarque importante pour la sécurité en voiture

Pour bébé, les sorties en voiture doivent obligatoirement se faire avec un siège auto (adapté au poids de votre enfant), qui sera convenablement arrimé au siège de la voiture, avec les épaules de bébé bien maintenues par les sangles. Pas question de voyager avec bébé dans l'écharpe ou tout autre porte-bébé !

Le portage de l'enfant hospitalisé

L'hospitalisation est souvent synonyme de traumatisme pour toute la famille, d'autant plus lorsqu'elle n'est pas programmée. Afin d'apporter un peu de réconfort, certains hôpitaux proposent ou permettent l'utilisation de porte-bébés au sein de leurs services.

Porté contre son parent, un bébé retrouve ses repères et se sent en sécurité même dans un lieu inconnu et dans une situation difficile, douloureuse. Les parents se sentent efficaces et compétents pour apporter du bien-être et du réconfort à leur enfant. Les soignants respectent cette relation privilégiée et constatent le bien-être de l'enfant et la sérénité des parents. En dehors des périodes de portage on peut aussi installer un hamac dans le lit. L'enfant pourra ainsi dormir ou se reposer en retrouvant une position utérine réconfortante, dans un tissu aux couleurs et odeurs bien connues. Les parents pourront bercer leur enfant lors de l'endormissement ou pour

Bébé qui se repose dans une écharpe transformée en hamac, tendue entre les montants du lit.

des moments de jeu. Ce hamac peut être utilisé au moment des siestes ou pour toutes les périodes de sommeil, cela reste le choix des parents avec l'avis de l'équipe médicale en fonction du motif d'hospitalisation.

Le portage pour un parent ou un enfant différent

Bébé assis latéralement dans le « croisé simple ».

Lorsqu'un parent a un handicap physique : cécité, paraplégie, amputation… il peut tout à fait porter son enfant avec une écharpe ou un autre type de porte-bébé physiologique. L'apprentissage des différents nouages va permettre à ces parents différents de porter leur enfant et garder leur autonomie.

Certains enfants handicapés ne seront jamais capables de se déplacer seuls. Les parents doivent cependant trouver des solutions pour faciliter leur vie quotidienne. Le portage est une des solutions possibles, tant que l'enfant n'atteint pas un poids trop important pour la musculature de ses parents. Au-delà de 10 kg, on porte généralement l'enfant sur la hanche ou sur le dos. Il faut savoir que la majorité des porte-bébés sont prévus pour des enfants jusqu'à 20 kg. Cependant les écharpes de portage peuvent supporter des poids bien plus importants (résistance jusqu'à 60 kg).

Le portage au quotidien

Le portage à la maison

Une fois devenue maman, nous continuons nos activités quotidiennes et c'est tellement plus facile lorsque bébé reste contre nous pendant que nous nous activons. Un nourrisson va d'ailleurs dormir la plupart du temps, puis en grandissant il va vouloir participer à ce que vous faites, toucher les aliments et les ustensiles, goûter vos préparations… finalement les activités à deux sont plus amusantes et l'apprentissage se fait naturellement !

Attention !

Les écharpes de portage et la plupart des autres porte-bébés physiologiques sont inflammables : il est donc fortement déconseillé de cuisiner près d'une flamme lorsque vous portez votre bébé ! Idéalement placez-le sur votre dos lorsque vous utilisez des ustensiles dangereux ou que vous chauffez des aliments et des liquides. La cuisine reste un endroit à risque !

Bébé porté sur le dos dans un porte-bébé chinois Chinado.

① Bébé sur le dos dans l'ERGObaby. ② Bébé dans un « croisé enveloppé dos ».
③ Bébé en « kangourou sur la hanche ».

La maison et le jardin sont des lieux de découverte privilégiés pour l'enfant qui écarquille les yeux devant chaque nouveauté. À vous de l'accompagner et de le guider dans ses premières expériences : jardiner, ramasser des fruits, s'occuper du linge, faire du ménage, du rangement, un peu de bricolage… Afin de garder vos deux mains libres et de sécuriser votre bébé, il est préférable de l'installer sur votre dos, surtout si vous devez vous pencher, utiliser des outils, des appareils électriques, des ustensiles de cuisine…

Un papa bricoleur…

« Le week-end c'est moi qui garde Justin car ma femme travaille. Dès qu'il fait beau j'en profite pour avancer dans les travaux de la maison et à chaque fois je me retrouve avec le petit sur le dos qui regarde ce que je fais et qui s'endort au bout d'un moment. Finalement à part transpirer un peu plus, je trouve cela très agréable d'avoir mon fils avec moi, attentif à mes gestes, qui gazouille. En tout cas avec l'ERGObaby rien de plus simple et rapide : en deux clics c'est réglé ! L'écharpe c'est plutôt pour ma femme, moi je préfère la simplicité. »
Benoît, papa de Justin 11 mois

Le portage et les courses

Celles qui ont tenté l'expérience de partir faire leurs courses avec bébé bien installé dans sa poussette se souviennent probablement que cela n'a pas toujours été une partie de plaisir… Il faut réussir à naviguer dans la foule, ne pas laisser les chiens approcher bébé de trop près, limiter le nombre d'articles en fonction de la capacité du filet de la poussette, rassurer son bébé qui ne vous voit pas forcément…

En portant votre enfant en écharpe ou avec un autre modèle physiologique, vous pouvez faire vos courses en toute quiétude, comme avant la naissance. Vous pourrez même allaiter votre bébé discrètement tout en continuant vos emplettes.

Les étalages riches en couleurs et odeurs attirent bébé qui ne demande qu'à voir et apprendre.

Bébé porté en « kangourou » sur le dos.
Bien installé sur le dos, l'enfant peut observer, s'exprimer et communiquer.

La solution idéale pour une vie active !

« L'écharpe a été pour moi une évidence dès la grossesse. Je ne voulais pas m'encombrer d'une poussette car dans la rue, dans les magasins, dans les voitures, à chaque fois que j'avais cet engin à roulettes dans mon champ de vision, j'étais dérangée par tous les inconvénients qui lui sont propres : les poussettes prennent une place folle sur les trottoirs, dans les coffres, et pour faire les courses seule avec un bébé, bon courage ! Très souvent j'ai pu voir les mamans qui poussaient la poussette d'une main, et tenaient leur bébé en pleurs dans l'autre… « hyperpratique » non ?! Bref l'écharpe est la solution idéale pour ma vie active, je peux faire mes courses seule avec un gros Caddie, pas de problèmes ! Et mon bébé dort tout contre moi pendant ce temps-là. Pour les balades en forêt (ou ailleurs) idem, que ce soit le papa ou moi, l'écharpe nous permet de profiter de sites inaccessibles en poussette, avec ce même plaisir d'être tout contre bébé, bien porté et bienheureux !!! ». **Muriel**

Le portage et la vie sociale

L'école et les activités extra-scolaires

Pour accompagner les aînés à l'école, vous remarquerez qu'il est très facile de porter votre bébé et d'avoir vos mains libres. Vous pourrez ainsi être attentif aux enfants que vous laissez à l'école tout en ayant votre bébé contre vous, en sécurité.

En général lorsque l'on emmène ses enfants à l'école ou que l'on vient les chercher, cela ne demande que quelques minutes, c'est la raison pour laquelle beaucoup de parents préfèrent porter leur bébé sur la hanche avec un porte-bébé hamac qui s'enfile et se règle en quelques secondes.

Les réunions familiales

Qui dit réunion familiale dit repas festif qui dure longtemps, enfants qui courent et crient, chaleur... Si vous ne souhaitez pas voir votre bébé passer de bras en bras, vous pouvez très bien le porter et ainsi permettre aux membres de votre famille d'admirer votre bébé blotti contre vous.

Vous entendrez peut-être quelques commentaires sur le fait que votre bébé va sûrement devenir capricieux si vous continuez à le garder dans votre giron trop longtemps. Laissez dire ! C'est à vous de décider ce que vous avez envie de vivre avec votre enfant... Le maternage proximal est un vrai mode de vie qui demande quelques convictions. Mais le simple fait de partager son expérience suffit parfois à conquérir les plus sceptiques !

Les sorties

La vie de famille est chamboulée par l'arrivée d'un bébé. Il faut le temps que chacun trouve ses marques et qu'un nouvel équilibre s'installe. Cependant ce n'est pas une raison pour rester chez soi et ne plus voir personne. Rien ne vous empêche de sortir avec votre bébé au restaurant, chez des amis, à une exposition... Evitez les lieux trop bruyants et enfumés par respect pour votre bébé et surtout détendez-vous et profitez de votre liberté !

Bébé en position ventrale dans le « double croisé enveloppé ». Une maman porteuse, lors d'un salon du livre.

Au fil des saisons, quels habits choisir ?

Bébé porté sur la hanche dans une écharpe, couvert avec une cagoule et un poncho en laine.

Brrr, l'hiver est la période où nous devons affronter le froid et parfois la neige… alors une question se pose, comment faire lorsqu'on est un parent porteur ?

Le premier principe à retenir, c'est d'installer d'abord le bébé dans le porte-bébé avant de vouloir se couvrir avec un manteau. Pourquoi ? Faites l'essai et vous constaterez immédiatement à quel point c'est très inconfortable d'être séparé par votre manteau et celui de votre enfant. De plus, après quelques minutes, vous commencerez à avoir très chaud et si vous voulez vous découvrir il faudra d'abord enlever votre enfant du porte-bébé avant de pouvoir retirer votre manteau ou le sien.

Nous avons testé plusieurs options en fonction de la position du bébé sur son porteur. Évidemment, chacun est libre de faire comme il le souhaite, mais voici des astuces issues de notre expérience qui pourront vous être utiles. Tout cela vous incitera à continuer à vivre et à sortir avec votre bébé, même si les températures sont peu clémentes. Bon portage hivernal !

Avec bébé porté sur votre ventre

Quand on porte son bébé sur le ventre, c'est assez simple puisqu'il suffit d'avoir un manteau un peu large que l'on pourra fermer sur l'enfant (manteau que l'on aura utilisé pendant la grossesse par exemple). Ne mettez pas votre bébé dans une combinaison où il aura trop chaud, couvrez simplement bien ses pieds et sa tête. Pour protéger sa tête vous pouvez utiliser un bonnet qui cache ses oreilles. Pensez aussi au col roulé amovible facile à faire soi-même !

Pour les pantalons qui remontent lorsque l'enfant est porté, découvrant les mollets, il existe des jambières en laine qui protègent bien du froid.

Lors des grands froids de l'hiver, il suffit d'envelopper votre enfant porté en position ventrale avec une écharpe en laine par exemple, ou de l'emmitoufler dans votre manteau bien fermé sur le devant, ne vous inquiétez pas, cela n'empêchera pas votre enfant de respirer ! N'oubliez pas de prévoir un lainage dans votre sac, pour le lui enfiler au moment où il descendra du porte-bébé.

Bébé sur votre hanche

Si vous portez sur la hanche, vous pouvez opter pour un manteau large ou pour une cape en laine, un châle ou un genre de poncho. Là encore, votre enfant doit être bien couvert au niveau des pieds et de la tête.

En été, attention pour la baignade !

Si vous utilisez une écharpe (très fine pour qu'elle sèche facilement), faites uniquement le nouage du « hamac ». Ainsi l'enfant pourra facilement être extrait du porte-bébé si vous chutez, si vous êtes bousculé ou si une vague vous immerge !

Pour imprimer un patron de poncho, consulter les sites suivants :

- http://larbreabebes.free.fr/Pages/p_portage_poncho.htm
- http://couleurbebe.free.fr/poncho.htm
- http://www.sleepingbaby.net/jan/Baby/poncho.html (en anglais)
- http://couches-lavables.over-blog.com/article-4821079.html
- http://bb-bio.chez-alice.fr/poncho.html

La veste Calicalo de Clarabulle

Bébé sur votre dos

Il existe plusieurs modèles de manteaux ou ponchos de portage en différentes matières (polaire, laine, tissu synthétique…) et de différentes marques. Ces modèles ont l'avantage d'avoir deux encolures prévues : une pour l'adulte porteur et une pour l'enfant porté.

Ces manteaux s'utilisent aussi bien en portage ventral que dorsal, avec une écharpe ou un autre porte-bébé physiologique. Un capuchon est aussi prévu pour bébé sur certains modèles. Parfois vous pouvez aussi dissocier la doublure en polaire de la partie imperméable de la veste pour l'adapter au climat. Vous trouverez ces manteaux dans des boutiques de puériculture ou sur Internet (voir le répertoire des boutiques en ligne en fin d'ouvrage). Ces manteaux spécialement conçus pour le portage coûtent entre 45 et 180 euros.

Lorsque les enfants savent marcher, il est toujours mieux de prévoir un manteau pour chacun et de laisser l'enfant autonome lorsqu'il voudra descendre du porte-bébé en cours de balade.

Il est possible de fabriquer soi-même son poncho de portage ! Pas très compliqué à réaliser, très économique et idéal pour celles qui aiment les vêtements personnalisés.

Rien de tel qu'une petite veste en polaire pour la demi-saison… En trente secondes vous zippez l'empiècement devant ou derrière en fonction du portage choisi. Quoiqu'il arrive vous et votre enfant êtes bien au chaud et prêts pour la balade. Il existe aussi des pulls ou gilets en polaire adaptés pour le portage avec deux encolures.

Jambières ou Baby-legs

Vous pouvez en trouver dans le commerce sous la marque Huggalugs (qui s'utilisent aussi bien pour les jambes que pour les bras, de la naissance à 6 ans), sur http://www.loumilie.com

Pour des pas à pas pratiques de jambières à faire soi-même, voici quelques liens Internet utiles :
- http://soletclair.canalblog.com
- http://blog.grandirautrement.com/index.php/2006/12/20/19-jambieres-pour-gambettes-bien-au-chaud

Vous pouvez aussi demander à vos mères ou grands-mères de tricoter des jambières après avoir mesuré le tour de la jambe et la hauteur du mollet à l'aine.

Autre astuce : récupérer des chaussettes taille « enfant », découper les extrémités et les adapter en jambières pour votre bébé ! C'est écologique, pratique et très peu cher…

Jambières tricotées maison, extraites du livre *Créations maternage, 20 modèles et patrons* C. Benetout et S. Guernier, Editions La PLage

Portage et randonnée

Partir en randonnée

Avant de choisir votre équipement, réfléchissez pour déterminer si vous partez pour une petite promenade ou pour une randonnée avec un long parcours sur terrain accidenté. Pour la randonnée, il est conseillé de prendre un porte-bébé confortable qui vous laisse une liberté de mouvements optimale et qui vous permette de prendre un sac avec le ravitaillement, le nécessaire pour le change, une veste de pluie…

Vous pouvez par exemple porter votre nourrisson ou votre bébé en position ventrale dans une écharpe bien ajustée. Pour un bambin plus lourd, portez plutôt sur le dos avec une écharpe, ou utilisez un autre porte-bébé comme le Patapum bambin, le Manduca ou l'ERGObaby.

Bébé assis latéralement dans le croisé simple

Le portage occasionnel d'un enfant qui marche

Certes, votre enfant est devenu autonome mais de temps à autre il demande à être porté : fatigue au cours d'une balade, maladie, hospitalisation, problème affectif, besoin d'être rassuré…

Pour répondre à la demande de votre enfant vous pouvez toujours ressortir votre écharpe de portage, ou un Tonga (qui tient dans la poche !) ou encore un porte-bébé plus « sophistiqué » comme l'ERGObaby qui est très confortable lorsque l'on doit porter un enfant de plus de 10 kg.

Enfant de 8 ans dans un Tonga pour un moment de tendresse avec sa maman

Le sevrage du porteur et de l'enfant

Quand arrêter de porter ?

Il n'y a pas de réponse à cette question. En effet les écharpes de portage en sergé croisé peuvent porter des poids jusqu'à 60 kg ! Les porte-bébés chinois et « sophistiqués » sont limités à 20 kg. En réalité on arrête de porter lorsque notre corps ne suit plus – le portage devient une contrainte - ou quand l'enfant n'en a plus envie.

Généralement, l'enfant devient autonome et revendique sa liberté ; il ne veut plus être porté mais préfère marcher seul ou avec notre aide.

Mon enfant refuse d'être porté

« Ma fille de 15 mois ne marche pas encore même si je sens que cela ne va pas tarder… De toute manière je ne m'inquiète pas puisqu'elle se déplace partout à quatre pattes ou en se tenant au mobilier. Depuis sa naissance je la porte avec une écharpe. Mon souci c'est que maintenant elle ne veut plus être portée, quelle que soit la position. Elle cherche par tous les moyens à descendre (elle se tord dans tous les sens, se penche en arrière). Ce qu'elle veut c'est que je l'aide à marcher.
Évidemment c'est beaucoup moins pratique pour moi, mais surtout je me sens un peu rejetée et je n'ai pas envie d'arrêter le portage maintenant. Je prends vraiment ça pour un sevrage brutal…À moins d'avoir un autre enfant je ne pense pas pouvoir réutiliser mon écharpe de portage. »
Déborah, maman de Cathy

Une transmission naturelle

Dans la majorité des cultures nous transmettons notre savoir à nos enfants dès leur plus jeune âge. Doués du talent d'imitation, les enfants cherchent à reproduire les faits et gestes de leurs parents. Alors quand on porte à la maison, l'enfant s'amuse aussi à porter son doudou !

Avec quoi les enfants portent-ils leurs poupées ?

Le plus souvent avec un foulard de maman, un torchon de vaisselle ou un porte-poupée c'est-à-dire un vrai porte-bébé qui a été confectionné en taille réduite.

Où trouver un porte-poupée ?

Si vous êtes un peu couturière vous pouvez faire un porte-poupée vous-même en adaptant les dimensions. Sinon vous en trouverez de très jolis, de 15 à 25 euros, sur les sites de certaines boutiques en ligne comme :
• http://www.porte-bonheur.fr
• http://www.echarpe-colimacon.com
• http://www.lunesetlutins.com

❶ Enfant qui porte son poupon avec un porte-poupée.

❷ Poupée portée dans un torchon par une petite fille de 15 mois.

Le portage en dehors de nos frontières

Le portage traditionnel en Afrique

Actuellement il faut savoir que la majorité des enfants sont portés sur le dos par leurs parents et principalement par leur mère. Les porte-bébés utilisés aux quatre coins de la planète sont parfois très rudimentaires, souvent colorés et toujours parfaitement intégrés au quotidien.

Comment évoquer le portage sans parler du pagne africain ? Le pagne est un simple rectangle de coton décoré à la main, appelé batik[1]. Traditionnellement, dans beaucoup de cultures africaines, le pagne sert à porter l'enfant sur le dos, très bas sur les reins, en appui sur le bassin. Un nourrisson sera complètement enveloppé par le tissu ; un deuxième pagne pourra même servir à maintenir sa tête lorsqu'il s'endort. Un bébé qui devient plus éveillé sortira ses bras du pagne pour pouvoir jouer, attraper des objets…

L'enfant est habituellement porté dès la naissance : au départ en ventral pour stimuler la lactation puis après quelques jours sur le dos. Le bébé s'endort sur le dos de sa mère et bénéficie de beaucoup de contacts avec de nombreux adultes différents, ce qui l'encourage à développer la capacité à s'ajuster à des postures variées. L'enfant commence à marcher, en général avant 1 an, il est alors moins porté, étant trop occupé à découvrir le monde de façon plus active et autonome, même s'il est encore très materné et très dépendant des soins et de l'attention que lui prodigue sa mère.

Bébés du monde

Béatrice Fontanel et Claire d'Harcourt ont publié un livre magnifique aux éditions de La Martinière (2006).
Au fil des pages, des bébés lavés, frictionnés, modelés, maquillés, décorés, emmaillotés, arrimés, portés, ballottés, suspendus, bercés, secoués, rassurés…

Pour mettre le pagne il faut :
- installer l'enfant sur son dos,
- mettre le milieu du tissu sur son dos,
- rester penché,
- puis rouler ou nouer le pagne au-dessus de la poitrine,
- et enfin nouer le tissu sous la poitrine après avoir vérifié la bonne position des jambes (position jambes écartées, pliées, relevées ou avec les jambes qui s'enroulent autour du ventre du porteur).

Au Mali

Les bébés bambaras de 2 mois sont portés sur le dos environ 40 % du temps de la journée. Vers 1 an, ils ne sont plus portés que 20 % du temps. Le portage sur la hanche s'impose alors. On observe aussi que la fréquence du portage diminue quand la mère reste à la maison. Cette pratique est donc liée à l'activité maternelle. Le mode de portage varie aussi en fonction de la compétence motrice du bébé et de son état de veille. Un petit bébé ou un bébé qui dort est porté de façon à être entouré et soutenu (notamment la nuque). Un bébé plus âgé ou éveillé aura les bras et les jambes libres de bouger.

1 - Ce procédé traditionnel de décoration permet de créer des camaïeux et des scènes figuratives en trempant le tissu dans plusieurs bains de teinture. Les dessins sont protégés avec des couches de cire pendant les trempages.

Portage traditionnel dans le pagne au Ghana.

Le portage des bébés au Burundi, Afrique de l'Est

Le témoignage de Bruno SAUTERON, étudiant en médecine

« Infirmier depuis 1999, j'ai eu l'occasion de participer à une mission humanitaire avec Médecins Sans Frontières de février à août 2002. [...] J'ai pu observer les différentes techniques de portage lors des consultations des mères en post-partum, ou lors du suivi des enfants malades. Le matériel utilisé par les mères pour porter leurs enfants est un grand morceau de tissu en coton coloré.

Deux techniques de portage se complètent : Pour porter un seul enfant, il s'agit de mettre l'enfant sur le dos, la maman se penchant en avant, puis de passer l'étoffe derrière le dos de manière à bien maintenir le corps du bébé. Enfin, de nouer le tissu au-dessus des seins.

Il n'est pas rare de voir une mère porter plusieurs de ses enfants, étant donnée la forte natalité. L'enfant le plus jeune est alors porté comme indiqué ci-dessus, son aîné étant quant à lui porté sur la hanche.

Au départ, j'ai dû avouer ma surprise en voyant que les nourrissons s'accommodaient très bien à la technique du portage sur le dos : en effet le mouvement de « roulis » imposé par la marche ne les empêchait pas de dormir, et plus étonnant, l'environnement bruyant perturbait rarement leur sommeil.

Je n'ai pas vraiment d'explications à ce constat, si ce n'est peut-être que le contact peau à peau et la permanence de l'odeur maternelle liés au portage auraient un effet anxiolytique suffisant pour que les bruits de la vie alentour ne perturbent pas la qualité de l'endormissement. » [...]

En conclusion, on peut donc dire que le portage des enfants relève à la fois de la nécessité de faire face à un contexte économique local défavorisé (peu ou pas de routes, trottoirs inexistants, rendant illusoire de faire rouler une poussette, sans parler de son prix) et d'une conception de la relation mère-enfant nécessairement autre, propre à la culture africaine...

De l'impact sur le développement affectif et psychomoteur de tous ces enfants portés, il semble bien difficile de tirer une conclusion a priori, cela mériterait d'ailleurs peut-être d'être étudié scientifiquement dans une étude comparative avec les enfants transportés en poussette...

Je peux juste donner mon impression en disant que les enfants portés me semblaient étonnants de vitalité et de résistance compte tenu des conditions d'hygiène défavorables et du suivi en santé quasi nul dans les premières années de la vie (tout ceci étant à nuancer du fait de la forte mortalité infantile liée aux maladies endémiques telles que le paludisme, le choléra, le SIDA, la méningite et la malnutrition) et qu'à ce titre, il pourrait sembler intéressant de proposer ou d'encourager le portage des bébés dans nos pays. »

Bébé de 8 mois porté sur le dos dans un pagne au Burkina.

Le pagne n'est pas le seul système de portage utilisé. Les parents se servent aussi de la nature pour fabriquer les objets de la vie quotidienne : une écorce végétale, une lanière de cuir, un filet tressé peuvent se transformer en un porte-bébé bien pratique.

« ... Les enfants kung du Kalahari, en Afrique, sont en permanence en étroit contact physique avec leur mère. Celle-ci les porte dans une bandoulière de cuir, et ils reçoivent beaucoup de caresses et d'embrassades de la part des enfants plus âgés ».

Les bienfaits du toucher, Tiffany Field, Payot, 2003, pages 37-38.

Le portage en Asie

L'Asie est un continent immense où les pratiques ancestrales se perpétuent. Les porte-bébés sont confectionnés par les femmes enceintes au cours de leur grossesse. Le porte-bébé marque donc l'appartenance à un groupe social. Ils sont tous différents, mais on peut les classer en différents groupes.

Les porte-bébés laotiens et coréens

Ils sont confectionnés avec un rectangle de tissu et deux longues lanières. L'enfant est porté sur le dos par sa mère, son père, ses frères et sœurs. Les lanières passent sur les épaules, se croisent sous les fesses de l'enfant et se nouent sur le ventre. Simple, pratique, rapide à installer ce porte-bébé permet à l'enfant d'être intégré à la vie et aux activités familiales.

❶ Un enfant porté de façon traditionnelle au Vietnam
❷ Bébé porté sur le dos dans une sorte de « hamac », Thaïlande.

Les porte-bébés chinois

Ils sont composés d'un rectangle de tissu avec quatre longues lanières pour porter l'enfant sur le dos. C'est le modèle que les européens ont adapté à leur culture en complétant son utilisation pour porter aussi le bébé sur la hanche et le ventre (voir le chapitre sur les porte-bébés chinois, page 32).

Les porte-bébés vietnamiens

Ils ressemblent à une grande capuche dans laquelle l'enfant est contenu, maintenu sur le haut du dos de la mère. La couleur et la forme de la « capuche » sont représentatives de l'ethnie.

Les porte-bébés thaïlandais

Souvent, il s'agit d'un foulard ou d'une écharpe courte nouée très simplement et passée en bandoulière pour porter l'enfant surtout sur le dos. L'enfant accompagne sa mère dans toutes ses activités, perché sur son dos, lui laissant une grande liberté de mouvement.

❶ Bébé porté sur le dos dans un porte-bébé traditionnel du Vietnam.

❷ Un papa qui porte son enfant dans un porte-bébé typique fait d'un rectangle de tissu et d'une longue lanière, Corée.

> « … Les enfants sont portés dans des porte-bébés en tissu rembourré, qui représentent des mois de travail : les matériaux choisis pour les confectionner, les couleurs et les motifs des broderies ont tous une signification. Chaque dessin a une valeur symbolique. […] Les motifs varient en fonction du sexe de l'enfant, de son âge et de son statut social. Enfin, ils sont très influencés par l'univers dans lequel le peuple vit ».
>
> **Bébés du monde**, de Béatrice Fontanel et Claire d'Harcourt, La Martinière, 2006, page 136.

Ailleurs dans le monde …

Chaque peuple confectionne, utilise et adapte des systèmes porte-bébés en fonction de ses habitudes de vie, du climat, des ressources naturelles disponibles… Au Groenland par exemple, la veste en fourrure est conçue de manière à accueillir le bébé nu. Ce peau à peau garantit la survie des nouveau-nés dans un environnement si hostile pour eux.

Il semble bien évident que chaque peuple a ses propres règles de maternage. L'observation des comportements humains est passionnante et cela nous permet de mieux comprendre pourquoi nous avons autant besoin de contacts et d'échanges humains pour grandir et nous construire de façon harmonieuse. Ce sont les pays considérés « en retard » d'un point de vue économique qui nous servent actuellement de repère, de modèle et d'idéal à atteindre. Nous voulons retrouver des gestes et des habitudes ancestrales qui ont fait leur preuve pour vivre plus heureux.

Un bonheur qui nous échappe si nous nous obstinons à garder un rythme de vie trépidant avec peu de moments de répit. Devenir parent reste l'évènement le plus marquant dans la vie des hommes et des femmes de toute la planète. Maternons, berçons, massons, portons nos bébés pour le bien-être des générations futures !

« *Dès la naissance, le bébé est glissé à l'intérieur du filet : il ressemble alors à quelques kilos de tubercules. Sa mère le porte sur son dos, l'anse du filet passant sur son front. Pour un nouveau-né, elle prend soin de tapisser le fond du sac de quelques feuilles douces comme de la flanelle ou de bouts d'étoffe. Lorsque le soleil tape trop fort ou que la pluie tombe dru, le précieux sac est couvert d'une feuille de bananier ou d'une cape d'écorce. Parfois, la mère porte plusieurs de ces filets remplis de fruits ou de légumes. Elle installera alors celui du bébé sur son ventre et les autres sur son dos. Mais le bébé est aussi placé à l'avant pour d'autres raisons : quand elles voyagent la nuit, les femmes rabattent toujours le petit devant elles, hantées par la peur que les femmes mortes, les seins gonflés, ne se précipitent sur lui pour lui donner à boire leur lait mortel* ».

Bébés du monde, de Béatrice Fontanel et Claire d'Harcourt, La Martinière, 2006, page 134.

Pour le plaisir des yeux

Vous trouverez un diaporama avec des photos magnifiques sur :
http://www.flickr.com/groups/ethnicbabycarriers/pool/show

Conclusion et annexes

Avant même d'être maman, j'étais déjà convaincue et passionnée de voir tout ce que pouvait offrir le portage au sein des familles. Porter mes enfants au quotidien m'apporte tellement de bonheur que je ne peux pas garder cela pour moi ; j'ai envie que d'autres en profitent et c'est pour cela que je ne me lasse pas de former ou d'informer toutes celles et ceux qui s'intéressent au portage. Chaque nouvelle rencontre me pousse à continuer sur cette voie ; tant de parents regrettent de ne pas avoir connu le portage plus tôt ! L'engouement des parents pour le portage est bien réel, au-delà de l'effet de mode, dans l'esprit d'offrir le meilleur à son bébé, de respecter son corps, son rythme, son besoin de contact. Les professionnels de la santé et de la petite enfance l'ont bien compris, puisque maintenant ils soutiennent les parents dans ce choix en leur proposant des informations, des formations et des porte-bébés adaptés. Actuellement les fabricants commercialisent une gamme impressionnante de porte-bébés physiologiques et d'accessoires, de quoi contenter tous les parents, des plus ethniques au plus classiques.

Le livre s'achève. Maintenant que vous avez découvert les nouages de base et les astuces pour utiliser votre porte-bébé, c'est à vous de jouer ! Munissez-vous de votre écharpe de portage, choisissez le nouage et la position la plus adaptée pour vous et votre enfant ; bon portage et surtout bon partage !

Remerciements

Ce livre n'aurait pu voir le jour sans tous ceux qui m'ont aidée ces derniers mois. Je voudrais remercier toutes celles et ceux qui ont participé à ce livre en me donnant leurs témoignages, leurs photos, leur temps, leurs avis… Ils sont nombreux, âgés de quelques jours ou de nombreuses années, hommes ou femmes, de tous milieux socioprofessionnels.
Merci aussi à celles et ceux qui m'ont fait confiance pour les former au portage dès le début avec les ateliers collectifs de l'association Porter son bébé à Béziers.
Merci à mon mari qui supporte ma passion et me surnomme avec humour « la fêlée du portage ». Pourtant, il a toujours apprécié de porter nos enfants avec l'écharpe, le hamac ou l'ERGObaby.
Merci à mes deux filles qui ont expérimenté avec moi de nombreux porte-bébés et de nombreuses positions, en fonction de nos activités, de la météo ou tout simplement de l'humeur du jour…

Suivre une formation

« Faut-il absolument suivre un cours pour bien porter son enfant ? »…

Ce sont les questions que tous les parents se posent lorsqu'ils s'intéressent au portage. Lorsque vous achèterez un porte-bébé, vous aurez une notice explicative avec des dessins ou des photos. Vous aurez même parfois un DVD vous montrant comment utiliser votre porte-bébé. Le guide pratique que vous tenez entre les mains est un précieux outil pour découvrir le portage et suivre pas à pas dans le détail les différents types de nouages et toutes les astuces dont vous aurez besoin pour prendre confiance en vous ! Cependant, cela ne remplace pas la convivialité et le partage que vous pourriez trouver lors d'une formation (collective ou individuelle) avec une personne expérimentée !

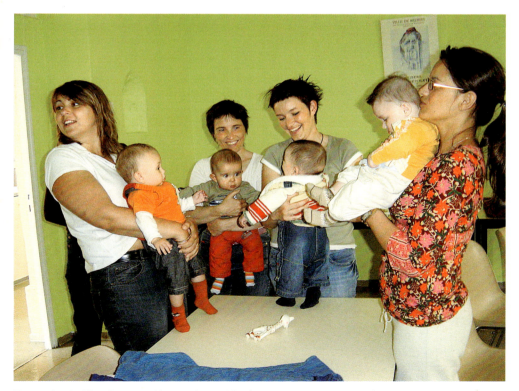

En attendant le début du cours… Moment de convivialité entre les mamans et leurs bébés, lors d'un premier atelier…

Pourquoi préférer suivre une formation ?

N'hésitez pas à vous inscrire à un cours collectif ou individuel pour apprendre comment nouer votre porte-bébé et comment y installer votre enfant, vous y trouverez un maximum de précisions et de conseils judicieux qui vous faciliteront la vie. Participer à un cours de portage collectif sera aussi l'occasion de rencontrer d'autres mamans de votre région.

Et avec qui ?

Les cours de portage sont organisés par :
• des associations (voir le répertoire, page 102),
• certaines boutiques de puériculture qui vendent les porte-bébés physiologiques,
• des professionnels de la santé et de la petite enfance : des sages-femmes libérales ou hospitalières, des puéricultrices, des nourrices, des éducateurs,
• des mamans, amies, ou sœurs...

Les diplômes de portage n'existent pas encore même si l'on commence à donner des certifications aux personnes qui suivent les formations pour devenir « enseignant », « référent » ou « animateur » en portage.

Renseignez-vous lors de votre inscription au cours pour savoir si le matériel est fourni sur place, si vous pouvez venir en famille, quels sont les porte-bébés proposés, quelle est la durée du cours et le tarif. Il existe autant de formules de cours que de formateurs, alors si vous n'avez pas été satisfait, n'hésitez pas à contacter un autre animateur ou une autre association.

Où trouver un cours ?

Vous trouverez sans doute un cours proche de votre domicile, puisque le nombre de formateurs en portage est en pleine expansion ! Si vous ne connaissez pas d'association, de boutique, de professionnel de la santé et de la petite enfance, ou de particulier qui donne de tels cours, consultez les annuaires de portage qui sont sur les sites Internet, en particulier celui de l'association Porter son bébé : http://www.portersonbebe.com/annuaire-du-portage.

Notre première approche du portage en couple

« Comme beaucoup de femmes, bien longtemps avant d'être enceinte, j'avais déjà vu des bébés portés en écharpe. Je trouvais cela mignon et fonctionnel. Encombrement minimum, mobilité accrue, mains disponibles, proximité entre le porteur et le bébé, je n'y voyais que des avantages… Je n'étais pas encore enceinte que, face à mes remarques enthousiastes, certains tentaient déjà de me décourager : « C'est peu sécurisant, tu verras » (cette personne avait-elle seulement essayé ?), « Ce n'est pas trop lourd ? »… Une amie très proche vivant à l'étranger, devenue maman quelques semaines avant moi, était, elle, convaincue par son expérience positive d'un porte-bébé en tissu. Aussi, j'ai continué à me documenter et mon compagnon et moi avons décidé de participer à un atelier collectif de formation au portage juste avant la naissance de notre bébé. Comme il est né un rien plus tôt que prévu, nous avons finalement suivi une formation en couple avec notre bébé âgé d'un peu plus de deux semaines. On nous a expliqué les avantages et limites de différents modèles de porte-bébés physiologiques que nous avons pu essayer avec une poupée d'abord. Nous avons opté pour une grande écharpe de portage après l'avoir testée avec notre fils. » **Hélène**

En cliquant sur votre département ou votre région vous aurez les coordonnées de tous ceux qui sont capables de vous apprendre à utiliser votre porte-bébé physiologique.

Quand suivre une formation ?
Si vous envisagez de porter votre enfant, inscrivez-vous à un cours en fin de grossesse (vers le huitième mois). Vous pourrez ainsi découvrir différents porte-bébés physiologiques et les essayer afin de choisir celui qui vous convient le mieux. Allez-y de préférence en couple car cela fait partie de votre préparation prénatale et vous pourrez ainsi vous aider mutuellement lorsque vous commencerez à porter votre enfant. Si vous avez déjà un porte-bébé, vous apprendrez à l'utiliser de différentes façons.

Une fois bébé arrivé, si vous ressentez le besoin de revoir ce que vous aviez appris avec un poupon, retournez à un cours, ce sera plus facile et vous reverrez les nouages avec plus d'aisance. Vous pouvez également vous inscrire à un cours de portage quel que soit l'âge de votre enfant puisqu'on peut porter un enfant dès la naissance jusqu'à 3 ans et bien au-delà ! Si vous commencez à porter votre enfant tardivement (au-delà de 8-10 kg), la formatrice (ou le formateur) vous orientera plutôt vers un portage dorsal ou sur la hanche. Vous aurez le choix entre différents porte-bébés : écharpe de portage, « sling », porte-bébé chinois ou porte-bébé « sophistiqué ».

Les formations pour devenir animatrice en portage
Pour pouvoir enseigner les bases du portage aux parents ou futurs parents, les animatrices ont le plus souvent suivi une formation spécifique avec un enseignement théorique et pratique de plusieurs journées. La plupart ont également une longue expérience personnelle tant avec leurs enfants qu'avec ceux de leur entourage professionnel ou relationnel.

Les formations pour animatrices sont actuellement organisées par l'Association française du portage des bébés (http://www.afpb.fr) et l'association Peau à peau (http://www.peau-a-peau.be).

Les créateurs de l'écharpe Je porte mon bébé (http://www.jeportemonbebe.com) ont constaté que leur écharpe en coton et élasthanne était parfois mal utilisée, ils proposent donc une petite formation complémentaire aux animatrices afin de bien guider et conseiller les parents.

Les formations pour les professionnels
En tant que sage-femme, formatrice en portage et responsable de l'assocaition Porter son bébé, j'organise ce type de formation (http://www.portersonbebe.com). Plus pointue, elle s'adresse au personnel de néonatalogie, de maternité, de crèche, de centres d'accueil pour bébés et jeunes enfants, aux sages-femmes libérales… L'objectif de cette formation est d'apprendre à enseigner aux parents comment porter leur enfant dès la naissance quelles que soient les situations : naissance classique, naissance par césarienne, naissance prématurée… Pour ceux qui travaillent dans le domaine de l'enfance et de la petite enfance, cette formation leur permet d'assurer une continuité entre la maison et le lieu d'accueil, de mieux s'adapter aux besoins et aux habitudes de l'enfant.

> *« Quand je serais devenue une « pro » du portage je pense devenir formatrice dans une des associations de parents pour montrer aux novices comment se servir de l'écharpe. Je trouve que l'information ne circule pas assez et beaucoup de personnes abandonnent cette pratique à cause de cela. Car en toute franchise quand j'ai ouvert le carton de l'écharpe et que j'ai vu les schémas des différents nœuds, j'ai pris peur !* » **Sandra**

Répertoire

Formation

Quelques associations proposant des informations sur le portage et des formations (pour parents et professionnels) :

• **Association Porter son bébé.**
L'association propose un annuaire des ateliers du portage en France et dans quelques autres pays. http://www.portersonbebe.com

• **Association française de portage des bébés AFPB.** http://afpb.apinc.org

• **Association Peau à peau.**
http://www.peau-a-peau.be

• **Association Porter son enfant.**
Vous y trouverez également un annuaire des ateliers du portage en France et pays limitrophes : http://www.portersonenfant.fr

• **Association Naturellement parents.**
http://www.naturellement-parents.com

• **Association L'arbre à bébé.**
http://larbreabebes.free.fr

• **Association Porter son enfant tout un art.**
http://www.monde-de-bebe.com

• **Association Porte-moi tout contre toi.**
http://moi-tout-contre-toi.blogspot.com

• **Association Tribu koala.**
http://tribukoala.canalblog.com

• **Association Un bébé au naturel.**
http://www.bebenaturel.info

Les forums sur le portage

Forum de l'association Porter son bébé.
http://www.portersonbebe.com/forum

Bébé-portage, un forum de discussion très complet sur le portage en écharpes.
http://www.bebe-portage.com/forum/index.php

Forum portage de l'association **Un bébé au naturel**. http://www.bebenaturel.info/forum

Forum **Le monde de bébé** (réseau « Lana, Porter son enfant tout un art »).
http://www.monde-de-bebe.com/forum

Forum portage de l'association **L'arbre à bébés**.
http://larbreabebes.free.fr
(rubrique Porter nos enfants, forum)

Forum portage sur **Doctissimo** (post proposé par l'association Porter son enfant).
http://forum.doctissimo.fr/grossesse-bebe/
Mamans-nature/questions-portage-posez-
sujet_2987_1.htm

Un site en anglais à visiter, toutes les positions de portage sont présentées en pas à pas (photos et vidéos) : http://www.wearyourbaby.com

Porte-bébés à faire soi-même

Des patrons faciles à réaliser :
• http://lapommedepin.canalblog.com/archives/2006/10/09/9912611.html
• http://portebebechinois.free.fr/fabrication.htm
• http://alcyonecouture.canalblog.com/archives/2007/03/06/4227999.html
• http://couleurbebe.free.fr/pasapasportebebe-chinois.htm
• http://demains-et-merveilles.over-blog.com/article-15595020.html (avec un repose-tête)
• http://portebebe.free.fr/ (modèle traditionnel)

Un « sling » à faire soi-même :
• http://bzou.net/Sling/patron.html

Quelques boutiques en ligne

Bébé au naturel : propose des écharpes de la marque Storchenwiege, Carry Baby, le Mama koala… http://www.bebe-au-naturel.com

Bébé Maman Nature : des écharpes de la marque Storchenwiege, des porte-bébés Patapum et des porte-poupées.
http://www.bebe-maman-nature.com

Binana : propose des écharpes de portage composées avec des fibres de bambou.
http://www.binana.net/navigatie_fr.html

Brindilles : une boutique qui prend naturellement soin des mamans et de leurs petites pousses… Vous y trouverez des écharpes Storchenwiege, Amazonas, Pinjarra et des Chinado.
http://www.brindilles.fr/

Chouchous : une boutique en ligne proposant les écharpes ByKay, Néobulle, Hoppediz, Bebina et Merry Carry, ainsi que la veste de portage Peekaru.
http://www.chouchous.fr/index.html

Clarabulle : vous propose les écharpes Storchenwiege, le Ring-sling, le Manduca et leur création : la veste de portage Cali-Calo.
http://www.clarabulle.com

Colimaçon & cie : confection d'écharpes de portage, de hamacs, de porte-bébés chinois et de porte-poupées.
http://www.echarpe-colimacon.com/index.php

Coréanne : une boutique avec un très large choix de porte-bébés : écharpes, Podeagi, Tonga, Bondolino, Mei-tei… http://www.coreanne.com

EcoFamille : propose à la vente l'écharpe Didymos, et le porte-bébé hamac Tragidi.
http://www.ecofamille.com

Ecopitchoun : des écharpes Storchenwiege, Kukeba, Chimparoo, des Mei-tei, la marque Manduca, des Mama Koala, des Chinado, des Tonga… http://www.ecopitchoun.com

ERGObaby : fabricant des porte-bébés du même nom et de ses accessoires.
http://www.ergobaby.eu

Hoppediz : une grande collection d'écharpes de matières et coloris différents, ainsi que « hamacs » et autres accessoires pour porter votre bébé.
http://www.hoppediz.de/FR

Je porte mon bébé : une écharpe originale en coton et Lycra®.
http://jeportemonbebe.com

Kukeba : les créatrices vous proposent des écharpes aux tissages variés.
http://www.kubeba.com/boutique

La Leche League : des écharpes de la marque Girasol et des Porte-CâLLLin.
http://www.lllfrance.org

L'ange nature (Belgique) : une boutique pas comme les autres où vous trouverez entre autres les écharpes Hoppediz, l'ERGObaby, le MamaKoala…
http://www.langenature.be

Loumilie : propose entre autres les écharpes de la marque Hoppediz, Storchenwiege, les porte-bébés Beco, Manduca, Minimonkey, Marsupi plus, Patapum et Pinjarra.
http://www.loumilie.com

Lunes et Lutins : boutique proposant des écharpes de la marque Storchenwiege, des porte-bébés Chinado et Tinéo, des hamacs Tragidi et Bébé Sling, des Tonga, des porte-bébés laotiens et des capes de portage.
http://www.lunesetlutins.com

MamaPoncho : propose des vêtements de portage très pratiques : les fameux MamaPoncho et MamaManteau. http://www.mamaponcho.ch

Minilou : des bandeaux pour prématurés et nouveau-nés, pour faire du peau à peau en toute sécurité.
http://www.minilou.fr

Le Monde de bébé : propose des écharpes Lana. http://www.monde-de-bebe.com

NatBé : une boutique de puériculture pour le bien-être et l'éveil du tout-petit qui propose les écharpes Storchenwiege, Néobulle, les porte-bébés Patapum, Manduca et Chinado.
http://natbe.fr

Natur pur : un très grand choix de porte-bébés et d'accessoires.
http://nat.urpur.com

Néobulle : concepteur français d'écharpes et autres porte-bébés.
http://www.neobulle.com

Pinjarra : pour trouver les points de vente du porte-bébé double anneaux En'balade.
http://www.pinjarra.fr

Porte Bonheur : propose des écharpes de la marque Storchenwiege, des porte-bébés Patapum, Manduca et des vêtements de portage (MamaPoncho, MamaManteau).
http://www.porte-bonheur.fr

La P'tite Prairie : propose des porte-bébés de la marque Chinado. http://www.la-ptite-prairie.com

La P'tite Sauterelle : vous pourrez y commander des écharpes de portage Storchenwiege, Easy Care, Néobulle, des slings, des Tonga, des porte-bébés chinois…
http://www.laptitesauterelle.fr

Storchenwiege : le site du fabricant de la marque d'écharpe, vous y trouverez le mode d'emploi à télécharger en PDF (positions sur le ventre, la hanche et le dos).
http://www.storchenwiege.fr/downloads/storchenwiege_bindeanleitung_fr.pdf

Tonga : grande variété de Tonga : petit filet porte-bébé et porte-enfant sans nœud.
http://www.tonga.fr

Pratique la poussette pour porter sacs et pique-nique !

Bibliographie

Des livres

Porter bébé, avantages et bienfaits,
Claude Didierjean-Jouveau, Jouvence, 2006.

Peau à peau,
Ingrid van den Peereboom, Jouvence, 2006.

Vivre la relation avec son bébé,
Nathalie Roques, Chronique Sociale, 2005.

Des bébés bien portés, coordonné par Régine
Prieur, revue Spirale, n° 46, éditions Érès, 2008.

La qualité de vie du nouveau-né :
corps et dynamique développementale,
Laurence Vaivre-Douret, éditions Odile Jacob,
Paris, 2003.

Les bienfaits du toucher,
Tiffany Field, Payot, 2003.

La peau et le toucher. Un premier langage,
Ashley Mantagu, Le Seuil, 1979.

Bébés du monde, Béatrice Fontanel et Claire
d'Harcourt, La Martinière, 2006.

Le concept du continuum :
à la recherche du bonheur perdu, Jean Liedloff,
éditions Ambre, 2006.

Mère et bébé l'un contre l'autre :
du processus d'attachement à l'appartenance
sociale, Willi Maurer, Le Souffle d'or, 2004.

Bien-être et maternité, Bernadette de Gasquet,
Albin Michel, 2009.

Shantala : un art traditionnel, le massage des
enfants, Frédérique Leboyer, Le Seuil, 2004.

La méthode mère-kangourou.
Guide pratique, édité en 2004 par l'OMS.
http://www.who.int/reproductive-health/publica-
tions/fr/kmc

Bébés kangourous. Materner autrement,
Nathalie Charpak, éditions Odile Jacob, 2005.

Peau à Peau avec votre bébé prématuré,
ouvrage collectif publié en septembre 2006
par l'association Sparadrap.
http://www.sparadrap.org

Babywearing, The Benefits and Beauty of This
Ancient Tradition, Maria Blois,
Pharmasoft Publishing, Amarillo, Texas, 2005.

Ein baby will getragen sein,
Evelin Kirklionis, éditions Kösel, 1999.

Des articles

« *Les bébés veulent être portés* »,
par Franz Renggli, 2001(consultable sur Internet).
L'auteur est psychanalyste et psychothérapeute
corporel, il a écrit différents livres sur la relation
précoce entre parents et enfants.

« *Enfant bien porté, enfant bien portant* »,
de Claude Didierjean-Jouveau, revue Allaiter
Aujourd'hui n° 40, juillet 1999.
Consultable en ligne : http://www.lllfrance.org/
allaitement-information/aa/40-portage.htm

« *Culture et premières acquisitions motrices :*
enfants d'Europe, d'Asie, d'Afrique »,
de Blandine Bril, article paru dans le Journal
de Pédiatrie et de Puériculture, n°5, 1997.

« *Au commencement était la peau* »,
de Marie-thérèse Ribeyron, article publié
dans le Guide Ressources, vol. 7, n°4, 1991.

« *Portons nos bébés !* »
article de Rita Messmer-studer, 2001,
consultable sur Internet :

« *Porter peut être salutaire* »
de Willi Maurer (2001). Article consultable
en intégralité sur Internet :
http://www.portersonenfant.fr/Porterpeutetresa-
lutaireMaurer.pdf

« *Le portage Kangourou* »,
article du Dr Nils Bergman, paru dans
Les Dossiers de l'allaitement, hors-série, mars
2005, La Leche League France. Article consultable sur :
http://www.portersonenfant.fr/BergmanPortage-
Kangourou.pdf

« *S'attacher pour mieux se libérer* »
de Antoine Guedeney et Hélène le Meur,
La Recherche, juillet-août 2005.

« *Les câlins ont un effet… génétique !* »,
de Caroline Tourbe, Science et vie, avril 2005.

« *La position jambes-écartées-relevées* »
de Annika Kral, article écrit pour ERGObaby
Europe, consultable sur Internet :
http://www.ergobaby.eu/fr/scienceentry_2.html

Éditions La Plage
Extrait du catalogue - **www.laplage.fr**

Attendre bébé... autrement
Catherine Piraud-Rouet et Emmanuelle Sampers
Préface de Michel Odent et de Claude Didierjean-Jouveau
360 pages • 29,90 €
Pour vivre une grossesse plus naturelle : l'accompagnement global par une sage-femme, le yoga prénatal, l'haptonomie, les doulas...
Un accouchement moins médicalisé : choisir une maternité où naissance rime avec naturel, gérer la douleur « autrement »...

Élever son enfant... autrement
Catherine Dumonteil-Kremer
Préface de Michel Odent et de Isabelle Filliozat
360 pages • 29,90 €
Allaitement du bambin, "co-dodo", portage de bébé, couches lavables, jeux coopératifs ou pédagogies alternatives... : des ressources pour un nouveau maternage plus proche et plus respectueux de son enfant.
«*Un ouvrage qui redonne confiance en soi et l'envie de pratiquer des expériences nouvelles.* » Le Nouvel Observateur
«*La bible du néo-maternage.* » Parents

Intimes naissances, choisir d'accoucher à la maison
Sous la direction de Juliette et Cécile Collonge
Préface de Catherine Dumonteil-Kremer
448 pages • 23,00 €
Des témoignages émouvants et intimes, des reportages photographiques et des articles de fond offrent une information variée et complète sur le processus physiologique de la naissance et la relation parents-professionnels.

Les Couches lavables, ça change tout !
Christelle Beneytout - 96 pages • 5,00 €
Conseils et astuces pour bien choisir, entretenir et même fabriquer soi-même les couches lavables de ses enfants, en alliant écologie, économie et maternage. Patron inclus.

Jouons ensemble... autrement
Catherine Dumonteil-Kremer
160 pages • 12,00 €
Une cinquantaine de jeux spontanés simples à mettre en place, pour se reconnecter avec l'enfant, relâcher les tensions, donner de l'attention personnalisée, se fabriquer des souvenirs...

P'tit chef bio

Clea - Photographies Myriam Gauthier-Moreau
96 pages • 19,90 €

Un album pour les enfants qui souhaitent cuisiner avec des ingrédients sains et de qualité. Pas à pas et en photos, 20 recettes salées ou sucrées choisies pour leurs savoir-faire amusants : pétrir, faire épaissir, étaler un glaçage, écumer, façonner des boulettes….

Léa et le chat yogi

Ursula Karven - Illustrations Axel Raatz
48 pages • 14,90 € - Poster inclus

Un album pour enfant où la tendre histoire de Léa et de son chat devient un prétexte pour initier votre enfant au yoga. L'enfant découvre la posture du « deuxième guerrier » pour prendre confiance en soi, « la vague du ventre » pour se détendre...

Créations maternage, modèles et patrons

Christelle Beneytout et Sandra Guernier
96 pages • 19,50 € - Patrons taille réelle inclus

Fabriquer soi-même les objets culte du maternage d'aujourd'hui : vêtements d'allaitement, jambières pour bébé, chaussons souples, doudou étiquettes, sling, couche lavables, etc. 20 créations à coudre et/ou à tricoter expliquées et illustrées en détail. Patrons en taille réelle détachables.

La Fessée, questions sur la violence éducative

Olivier Maurel - Préface de Alice Miller
144 pages • 12,00 €

Les gifles et les fessées rendent-elles les enfants plus obéissants ? Améliorent-elles les apprentissages ? Est-il possible d'éduquer sans frapper ? Comment faire ?…

  « *Un remarquable petit livre à offrir d'urgence à tous les jeunes parents.* » La Croix

Recettes bio pour mes enfants

Anne Brunner – Photographies Myriam Gauthier-Moreau
108 pages – 12,90 €

Petits pots maison aux ingrédients variés, goûters salés, légumes séduisants… des petits plats bio pour parents pressés ou pour parents prévoyants… agrémentés de conseils et astuces pour une cuisine simple et saine, avec un budget sous contrôle.

Achevé d'imprimer en juin 2012